阿彌陀佛四十八願講記

傳印題

釋大安 講述

目錄

引言

四十八願是阿彌陀佛因地做法藏菩薩時所稱性肇立，娑婆教主釋迦牟尼佛為度濁世眾生慈悲宣說的。大願緣起乃法界緣起，亦即十方三世一切諸佛悲憫度生之一大事因緣。此為圓頓中至極圓頓、方便中第一方便，素被稱為一切世間極難信之法。吾人若能有幸聽聞此法，信解此法，依教奉行，是為今生了生死、成佛道之機緣成熟，得未曾有，慶快生平。

《佛說無量壽經》前面部分的經文，釋尊已追溯在此娑婆國土，有五十三

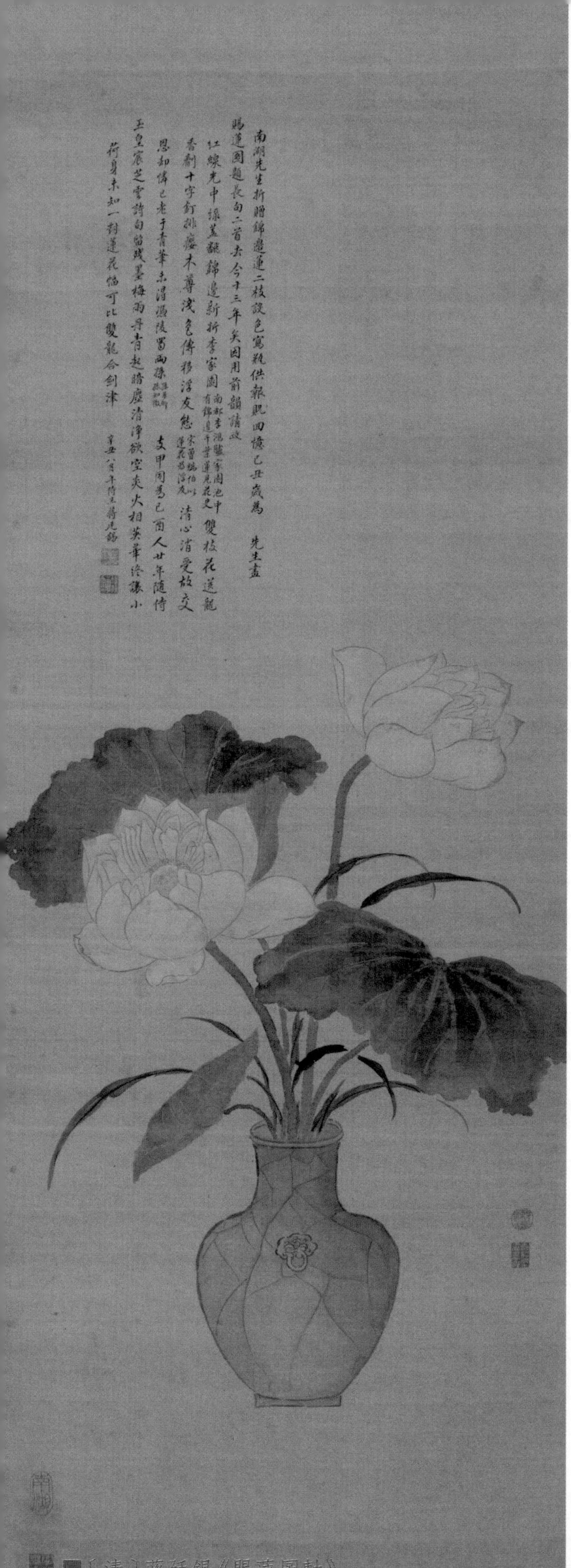

■〔清〕蔣廷錫《賜蓮圖軸》

尊古佛次第出興於世，教化度脫無量眾生，皆令得道，乃取滅度，其最後之第五十四尊佛，即世自在王如來，乃法藏比丘之親教師。法藏比丘以大國王身份出家，發無上正覺之心，向佛恭敬咨請攝取莊嚴妙土之法：「唯願世尊廣為敷演諸佛如來淨土之行。」世自在王佛即為廣說二百一十億諸佛剎土，天人之善惡，國土之粗妙。隨應法藏比丘之心願，悉皆顯現諸佛國土景象，猶如現今視聽教學，歷時一劫，方可究竟。世自在王佛說經竟，法藏菩薩便一其心，則得天眼徹視，悉自見二百一十億諸佛國土善惡好醜優劣情狀，其心寂靜，具足五劫，思惟攝取莊嚴佛國清淨之行。證知，四十八願作為構建極樂世界的藍圖，有着以世自在王佛為代表的一切諸佛的慈悲加持，有着法藏菩薩悉心周密考察觀照十方諸佛莊嚴淨土的祕要，以及凝聚十方淨土之精華，摒棄十方穢土之陋劣的特點，並體現出度化九法界眾生之種種善巧方便。可知四十八願乃是法藏菩薩大慈悲心、大般若心、大善巧方便心的高度結晶。換言之，四十八願即是法藏菩薩大菩提心的完美呈現，亦是十方三世一切諸佛大菩提心的典範。法藏菩薩云：「我發無上正覺之心。」當知此無上菩提心，一切願王從此出生，一切淨土從此建立，才發此心，極樂莊嚴一時具足。華嚴奧藏，法華祕髓，一切諸佛之心要，菩薩萬行之指南，悉於此四十八願展露無遺。吾人幸聞此大願，當生稀有難遭之想，生大歡喜之心，盡形壽頂戴受持。

佛前發願　普度羣萌

■第十八願 十念皆生我國願

請看《佛說無量壽經》經文：

時法藏比丘，攝取二百一十億諸佛妙土清淨之行。如是修已，詣彼佛所，稽首禮足，繞佛三匝，合掌而住。白佛言：「世尊，我已攝取莊嚴佛土清淨之行。」佛告比丘：「汝今可說，宜知是時，發起悅可一切大眾。菩薩聞已，修行此法，緣致滿足無量大願。」比丘白佛：「唯垂聽察，如我所願，當具說之。」

此段經文，是法藏菩薩在世自在王佛所稱性發願之引言。這個「時」是承接上面的內容而來，即是四十八大願思惟完成的那一刻。法藏因地啟結的大願，是經過五大劫的思惟，也是仰蒙世自在王佛的加被，觀察了他方世界淨土和穢土的種種情形，由妙湛總持之心性中構想出來的。這四十八大願一一攝取了「二百一十億諸佛妙土清淨之行」。意謂：法藏比丘即將發出的大願凝聚着法界十方無量無邊諸佛淨土的精華，而且這個超勝諸佛淨土的大願還含有與十方諸佛淨土不共的特點。

「如是修已」，以寂靜無着之心，修習思惟五大劫已，大願終告圓成，法藏菩薩心懷喜悅，前往世自在王佛講經說法的場所，首先五體投地禮拜佛，再起來「繞佛三匝」，以表對世自在王佛的至誠恭敬與感恩，合掌而住，收攝會歸一心。

法藏菩薩長跪合掌，向世自在王佛稟白：「世尊，我已攝取莊嚴佛土清淨之行。」這個「已」從時間狀態來說，就是已然完成了一樁大事。這樁大事就是在五大劫的時間當中，經過深入的思惟、揀別、選擇、凝聚，已經把他方諸佛淨土的精華攝在一處，來莊嚴自己未來要住持的佛土。這個佛土總體特點就是清淨平等、窮微極妙，此是法藏菩薩經過長期的考察、思惟、揀別、選擇的「清淨之行」。

這個簡潔的稟白，唯有世自在王佛深知這個心路歷程殊不容易，大不可思議，而且對十方一切眾生關聯甚密，意義重大，是整個法界的一件大事。知徒莫若師，佛即印可——「汝今可說」，今日可在此法會上當眾宣說，這正是汝宣說已然成就大願的好時機。何以故？茲因世自在王佛座下的四眾弟子也有着了脫生死、圓成佛道的願望，世自在王佛乃至前面所述的五十三尊古佛，無非為此一大事因緣，出興於世。佛種從緣生。由於法藏菩薩啟建的大願奇特勝妙，又得到了以世自在王佛為代表的十方諸佛的印可加持，所以法藏菩薩發的大願令眾生了生脫死、圓成佛道的增上緣超勝諸佛，是故不僅得到十方諸佛的稱揚讚歎，乃至於法藏菩薩的親教師——世自在王佛也生隨喜心，故云「宜知是時」。

這個發願時機能夠惠以眾生之大利，可以從兩個層面來說：一者，與會大眾能夠由於法藏菩薩的發願而生起願往生之心。那麼，法藏菩薩只是發願，尚未圓成妙土，怎麼與會大眾會發願往生心呢？這是與會大眾善根深厚，深知這位大菩薩所發奇特大願，提供念佛往生、横超二種生死疾速成佛的妙法，值得依憑，超勝自力修行動經無量劫的迂曲。故而，創聞法藏菩薩所發妙願，得未曾有，踴躍歡喜。故云「發起悦可一切大眾」。此一切大眾亦包括現今幸聞四十八願的我等眾生。

二者，針對與會的三賢十地的菩薩來說。他們歷經無量劫修六度萬行，捍勞忍苦地踐行着「上成佛道、下化眾生」的菩薩道業，然總屬通途自力「心淨則土淨」之菩薩莊嚴淨土之道。然法藏菩薩宣説莊嚴淨土之妙願，乃是修諸佛如來淨土之行，得諸佛如來加持的不可思議的妙願，其特質是生佛不二、依正不二、自他不二、性修不二、因果不二。因賅果海，果徹因源。從佛的果地上生起的妙願，是為莊嚴殊勝淨土的捷徑，誠如《無量壽經》所云：「覺了一切法，猶如夢幻響，滿足諸妙願，必成如是剎。」以般若空性為前導，以妙願導行為入手，全性起修，全修在性，全他即自，莊嚴妙土，速疾成佛，拔諸生死勤苦之本。此為大乘圓教利他自利之祕要。由於修行諸佛如來淨土妙願的法是從果地入手，即為總持之願——總攝菩薩一切願，因此就可以「緣致滿足」一切大乘菩薩的「無量大願」。與會諸菩薩幸聞法藏菩薩之妙願，拓展了莊嚴淨土、攝受眾生之全新境界，啟迪良深，故云「發起悅可一切大眾」。

如此便傳達了大乘圓教的道理：入事事無礙法界，即得一法具足一切法，一願具足一切願，一剎具足一切剎。天親菩薩在《往生論》中，論及滿足往生西方淨土這一願，就等於滿足一切願。成辦往生淨業，得阿彌陀佛法王願力的加持，菩薩大願就都能實現。

世自在王佛預說法藏菩薩即將宣說的大願的妙德。法藏菩薩心懷悅豫，稟白世尊，「唯垂聽察」，希望佛垂慈，聽聞和照察。祈願佛的印證——如我五大劫所發的願，現在幸蒙佛的慈悲許可，承佛威神，當完整地、詳細地宣說。

爾時，法藏菩薩於世自在王佛法會上，稱性宣說四十八願已，以偈自誓：「斯願若剋果，大千應感動，虛空諸天神，當雨珍妙華。」應時十方世界六種震動，天雨種種妙華妙香，自然音樂鳴響，虛空天神讚言：「決定必成無上正覺！」如斯勝妙瑞應，彰顯法界緣起之一大事因緣。淨土妙法，惠予九法界眾生真實大利，無有虛妄。

法藏菩薩的四十八大願即是大菩提心的結晶。菩提心一般包含三個要素：第一，是無我的般若空慧，破除我執與法執，契入諸法實相，才能顯現出菩提心。從實相般若中，自然就會生起無緣大慈、同體大悲。慈悲即是菩提心的第二要素。悲智雙運，就如車之兩輪、鳥之雙翼，缺一不可。以悲智來實踐自行化他之菩薩業。因智慧不住生死，因慈悲不住涅槃。第三，在教化眾生的過程中，要有善巧方便，此為後得智。故云菩提心含攝智慧、慈悲以及善巧方便三要素。智慧是無我的般若空慧；大悲是拔除眾生苦，大慈是給予眾生樂；善巧方便是應眾生的根機施設救度的方法。這三要素在四十八大願中有着明晰而究竟的體現。

從大願的數目來看，五種原譯本所標舉的大願數目各有不同。漢譯本和吳譯本同為二十四願，曹魏本和唐譯本均為四十八大願，宋譯本則是三十六願。對於這些不同的願目數字，我們該如何理解呢？實則阿彌陀佛契證諸法實相所顯現的願海，本質上是超越數量的。既然稱之為「願海」，又怎能算清楚大海中的水滴呢？雖然不可量、不可數，但是佛要度我們這些眾生，就要把不可測量的願海以數量的方式傳達給我們。阿彌陀佛的願海無量，釋迦牟尼佛為度我等眾生，就從中選擇了與娑婆世界眾生關聯甚密的四十八條予以宣說，因此這四十八願只是略說。若要廣說的話，窮劫難盡。廣略相即，由四十八願之略能夠廣開無量願目，彌綸法界。由廣可以收攝為四十八願，最後可簡略到「南無阿彌陀佛」六字洪名，六字洪名就含攝着彌陀的願海，故云萬德洪名。

從分類來看，隋朝淨影慧遠大師把四十八大願分成三類。

第一類為攝法身願。法藏菩薩莊嚴自己法身的願，共有三願（第十二光明遍照十方願、第十三壽命同佛永久願、第十七諸佛稱名讚歎願）。這三願看似是莊嚴自己的願，實則亦是為度眾生而施設的必要方便。

第二類是攝淨土願，是法藏菩薩莊嚴淨土的願，共有五願（第二十七萬物悉皆殊特願、第二十八菩薩道樹普見願、第三十一淨國照見十方願、第三十二嚴飾超諸天人願以及第四十隨意見諸佛國願）。

第三類是攝眾生願。總有四十願，茲不具述。總之，四十八大願，願願都是為了度九界眾生，即前述攝法身願與攝淨土願之八願也都是為攝化眾生而施設的方便。

雖有三類願目差別，然阿彌陀佛願心圓融無礙，故具主伴相融、身土相攝之妙德。以土攝身，則願願皆國土莊嚴；以佛身為攝主，則願願皆佛身果德；以眾生為攝主，則願願皆為攝受度脫眾生。阿彌陀佛隨順覺心，肇立大願，一念圓明，事理無礙。

又五種原譯本的願目內容，互有詳略開合不同。本文擬將不同願目作整體觀，令大願內涵更臻完備充實，以收相輔相成、相得益彰之效。又為大願醒目易解故，本文將相類同的願目整合在相應板塊，大願整體框架未變，具體願目有相應歸類。冀諸仁者慧覽。

第一章 悲心杜絕三惡道之苦

■第十六願 國中無不善名願

阿彌陀佛契證諸法實相，法爾自然地生起同體大悲心，視諸眾生，等同一子。在四十八願肇立時，此大悲心亦油然展開為杜絕三惡道苦難的願目。本章有三願法義展開：一、國中無三惡道；二、不復更生惡道；三、國中無不善名。偏救惡道眾生之苦。茲分述如下。

一、國中無三惡道（第一願）

請看願文：

「設我得佛，國有地獄、餓鬼、畜生者，不取正覺。」

第一願意謂：我成佛時，我住持的剎土沒有地獄、餓鬼、畜生這三惡道。如果這一願不能兑現，我就不成佛。

法藏菩薩於四十八願中，首先以大悲心稱性發出此悲願。

這是由於法藏菩薩觀察他方世界的時候，深感三惡道眾生的痛苦境遇。法藏菩薩以同體悲憫之心，視一切眾生等同一子，因此當他看到他方無數眾生在三惡道裏面遭受劇烈痛苦時，油然興起悲願：我首先要救度這些三惡道的眾生。這就是大悲偏憫罪苦眾生。一個具有大悲心的菩薩，雖然內心平等對待一切眾生，然對苦難的眾生更為關注，更會優先救度。就好像一個多子女的母親，對於有能力、事業發達的子女比較放心，而對於生存能力弱，甚至有殘疾不能自立的子女，會格外關心，念念都要為他預備好現在與未來的生存條件。是故，法藏菩薩悲心必然要關心十方罪苦眾生。由此，四十八大願的排列次序法爾自然地把拔濟三惡道眾生之苦置在前面，欲令一切三惡道眾生獲致底線的安樂。

「設我得佛」，因為法藏比丘發願時還是在因地，所以要用一種未來的、權設的語氣。法藏菩薩將救苦與成佛緊密地聯繫起來。表明法藏菩薩發願首先是為度眾生，自己成佛是以大願兑現為前提條件，如果願不能圓滿，他就不成佛。類似地藏菩薩的發願：「地獄不空，誓不成佛，眾生度盡，方證菩提。」可見法藏菩薩初始發心便是「不為自己求安樂，但願眾生得離苦」（華嚴偈）。

「國中無三惡道願」和「不復更生惡道願」這兩願於我等業力凡夫，甚為切要。投生於此濁惡世界，吾人舉心動念、行為造作基本上屬於三惡道的範疇。從佛教因果緣起觀來說，一心具足十法界。一切眾生悉具有妙明真性，有的人隨淨善緣顯現佛法界，有的人隨染惡緣墜入三惡道。

為甚麼會到畜生道去呢？由果溯因，眾生若沉湎於五欲六塵，熱衷結黨營私，拉幫結派，貪得無厭；對人蠻橫不講理，處理事情不公正；偷盜或搶掠他人的財物；行為不講仁義，損人利己；對貧窮孤苦的人沒有憐憫之心；借債不還；動輒打罵他人，魯莽粗野；做買賣務求自己多得，不惜坑蒙拐騙，甚至明火打劫；在家中不孝順父母，工作時不忠於上司；知見邪偽，不信因果，不信三寶；造作種種不道德的行為，不以為恥，反以為榮；等等。這些皆是造作畜生道的惡因，惡業所牽，命終就會轉生到畜生道去。

畜生道也有種類的差別，罪輕的或者罪重的，有福德的或者沒有福德的。畜生道的眾生如果聽聞到佛法，能夠改惡修善，也可以上升。如流水長者子濟度一萬條魚，這些魚命終生到三十三天。若遇勝緣，幸聞念佛法門，生信發願，亦可直接往生淨土，如《往生傳》所列鸚鵡、鴝鵒等往生公案。

如果造作更大的惡業，就會墮落得更厲害，到餓鬼道或者地獄道裏去。

餓鬼道的因是甚麼呢？念念無慚無愧，貪求無厭，慳吝成性，剋扣他人，佔小便宜，一切都以自己獲利為目的；看到別人布施就不高興，要去障礙；見到別人得利，內心不爽；本性諂曲，人前裝作正人君子，人後盡是小人勾當；破齋犯戒，貪着飲食，不信因果罪福，不信三寶；等等。如是惡因，自然感生於餓鬼道。

餓鬼道裏面也分為有福報的和沒有福報的。有福報的感得大力鬼王、飛行羅剎、地行羅剎，飛行都無有障礙。福報小的難得飲食，常受乾渴飢餓逼惱。觀音菩薩曾慈悲示現面然鬼王，啟施食法事，以濟餓鬼眾生之苦。古人說：「鬼者，歸也。」意謂人死之後，大多會變成鬼，人中能生到天者比例約佔十分之一左右，下地獄的也是少數，歸到鬼道的佔多數。鬼與我們生活在不同的時空維次裏，有時候走夜路會碰到鬼。有些新死的鬼，還有些上吊自殺的鬼會到處找替身。

袁枚的《子不語》和紀曉嵐的《閱微草堂筆記》中有些記載鬼的故事。《子不語》中，講鬼有三個伎倆，若被識破，鬼就一籌莫展了。哪三個伎倆呢？一迷，二遮，三嚇。先是「迷」，打扮得婀娜多姿，迷惑你；迷惑不了，就擋你的路，「遮」（俗語「鬼打牆」）；遮不住，就「嚇」，青面獠牙，披頭散髮，吐出長舌頭來嚇你。往往這三個伎倆一使出來，一般人都會被他震住，所以人都很怕鬼。但實際上鬼更怕人，俗話說：「人有三分怕鬼，鬼有七分怕人。」人的正氣、陽氣足，而鬼都是暗昧的，但

■〔清〕金農《宋龔開善畫鬼》

是當人怕鬼的時候，鬼就有力量控制人了，時衰鬼弄人。所以人要光明坦蕩，具浩然正氣，鬼就靠不攏。

地獄道的眾生最苦，所作惡因也更大。包括接觸惡友，邪知邪見，不信因果輪迴，本性暴惡，念念相續，造上品的十惡業以及五逆重罪（即為弒父、弒母、弒阿羅漢、破和合僧、出佛身血），犯根本戒，破他梵行，沽酒，不思君父師長的恩德，妒賢嫉能，破壞寺院，焚毀佛像，誹謗大乘經典，斷學般若。能夠信解般若空性的人，仁愛善心比較能得到開發。現在很多人不能持守道德底線，這與斷學般若有直接的關係。還有的人誹謗三寶，否認佛菩薩的存在，破壞因果三世正法；有的破根本戒的僧眾，繼續接受信眾的四事供養；還有的人錯用三寶物，偷寺院的財物；另外，在社會上從事種種不正業，諸如屠夫、劊子手、打獵、捕蛇、咒龍、盜竊等。從事這些惡律儀法，都是在造地獄業。

《地藏菩薩本願經》中講婆羅門女救她的母親，她由於念覺華定自在王佛的名號而得念佛三昧，就來到了地獄。見到無毒鬼王，婆羅門女就問是否有地獄，鬼王說：「實有地獄。」那地獄在甚麼地方？這時候，婆羅門女看到的是一片業海，海水滾沸，有很多罪人在那裏沉浮，被諸惡獸爭取食啖，還有很多的夜叉驅趕着這些罪人去靠近惡獸。新死的人經四十九天後，若無人為其做功德，救拔苦難，他自己生前又沒有善因，則要根據其本業所感地獄，先渡第一重業海，此外還有受苦更深的另兩重業海。三重業海之內，是大地獄。在鐵圍山內有地獄，大海下面有地獄，曠野中也有地獄。地獄又有十八大地獄，每一大地獄又有眷屬地獄，即五百小地獄。地獄的名號以及在其中所受的苦楚，那真是無量無數，難以言盡。《地藏菩薩本願經．觀眾生業緣品》，講述的就是摩耶夫人向地藏菩薩請教南閻浮提眾生造業後，生到地獄的情形、罪報的名號以及地獄的刑罰。地藏菩薩對此只是略說而已，若要廣泛詳細地述說地獄受報之事，那是「窮劫不盡」。摩耶夫人聽了之後，愁憂合掌而退，她為南閻浮提眾生所造如許惡業、所受地獄劇苦而愁憂不已。

三惡道是怎麼形成的呢？《楞嚴經》中，阿難尊者首先舉出三個生身陷到地獄的事例（私行淫欲之寶蓮香比丘尼、殺戮釋迦族之琉璃大王、以及邪見謗佛之善星比丘），問釋迦牟尼佛：「地獄是有固定的地方，還是自然顯現的？還是根據各自的業力，各人變現自己的地獄，並在其中各自受報？」這就是在詢問地獄是別業還是共業，以及地獄的處所何在。佛就回答：「一切眾生的自性清淨無染，本來並無地獄天堂的分別。只是由於無明現行而成虛妄之見，由妄見而生妄習——雜染的業力種子，於是就顯現了不同的境界。」三惡道的境界，乃至六道、九法界的境界，是由眾生的內分和外分所決定的。內分是指眾生愛染的虛

■〔明〕錢謙益《楞嚴經疏解蒙鈔》插圖

妄的情執，外分則是指眾生的思想觀念，由此情與想的比例不同，從而招感六道的差異。若情少想多，就會成為飛仙、大力鬼王、飛行夜叉、地行羅剎；若情和想均等，不升不墮，生到人間。情多想少的眾生則分為幾種情況：如果是「六情四想」，就生到畜生道，其中情重一點的就是野獸毛羣，情輕一點的就成為羽族飛鳥；若是「七情三想」，就會生到餓鬼道，常被飢火焚燒；若是「九情一想」，就會下地獄；若「純情無想」，就會墮到阿鼻地獄。

阿鼻地獄也叫作無間地獄，共有五種無間：時無間（受苦沒有間斷）、身無間（一人亦滿，多人亦滿）、苦具無間（所有的刑具全都用上，苦楚相連）、果無間（犯了罪業，平等受報）、命無間（一天之中萬死萬生）。阿鼻地獄又分為兩種。如果犯的是五逆十惡的重罪，雖然身處阿鼻地獄，但當所處的三千大千世界到了壞劫，整個世界粉碎的時候，也就可以從阿鼻地獄中出來了。但是如果誹謗過大乘佛法，破的是佛的根本戒，而且虛妄說法疑誤眾生，那即使這個世界粉碎了，還會再轉移到他方世界的阿鼻地獄去受苦。若他方世界又要毀壞的時候，會再轉到另外一個他方世界的地獄繼續受苦。可見，誹謗大乘佛法的罪過特別巨大。

如此看來，地獄的果報是依循着所造的惡業，也是唯心所現的。這裏所講的地獄不是某一個人的地獄，而是稱作「同分地獄」，是共同造了地獄業因之人的去處。但在同分地獄中，根據因地的罪業及其輕重不同，又感召到不同的刑罰和受報時間。總之，地獄的果報就是惡業和惡習的產物。在《楞嚴經》中分出有十種惡習，加上六根的互具的交報，叫作「十習因、六交報」。

這裏舉出三種來簡要說明一下地獄的構成原理。

「淫習交接」。欲界眾生淫欲心最重，男女通過接觸得到快感，這樣就招引業火，從而就會感召鐵牀銅柱的境界，因此地獄裏面就有銅柱地獄和鐵牀地獄。淫欲習重的人或者犯邪淫的人就抱在通紅的、冒着火焰的銅柱上，銅柱下面有帶着刀刃的鐵牀，同樣也很熾熱。由於業習深重，銅柱上面的男人會看到鐵牀上躺着一個漂亮女人，淫欲相感，他便趕緊要下來擁抱，這樣兩個人就一起焚燒而死，但被業風一吹又會活過來。銅柱上面的女人則會看到鐵牀上是一個帥氣男人，她就趕緊要吸引在一起，於是又會雙雙焚燒而死。在這樣布滿鐵牀銅柱的地獄裏，每日萬死萬生，這就是淫欲的果報。

「貪習交計」。眾生有貪欲，財色名食睡都想佔為己有，貪求無厭。在追求這些目標的時候就會發出一種愛力，所以貪財的人一看到黃金就會兩眼發直。貪心重的人要把別的東西吸過來滿足自己的欲望，就像癌細胞要吸取其他細胞能量一樣。而貪和吸的功能屬於水的特質，水積到一定程度就會生起寒冷之感，進一步就會感得冰凍，這就是寒冰地獄的成因。貪心重的人就會感召寒冰地獄。

■〔日本鐮倉時代〕佚名《阿鼻地獄》

「瞋習交衝」。瞋恨心重的人心熱發火，脾氣很衝，就表現為傷害色身的金屬，所以就會感得刀山劍樹的境界。這刀山的刀刃是對着爬山眾生的，接觸到鋒利的刀刃，眾生全身的骨肉就被肢解而死，然後隨着業風一吹，又活過來，又繼續去爬那個刀山。而劍樹的枝葉都是鋒利的劍鋒，眾生往上爬時，枝葉向下，而往下爬時，枝葉則是向上的，鋒利的枝葉也會把眾生的骨肉全都肢解。此外，在猛火鐵城中，表現為火蛇、火狗、火馬、火牛以及火車等各種火的形態，都來追擊那裏的眾生。

我等眾生在無始劫的輪迴中，都曾下過地獄，今世幸得人身，地獄的記憶遺忘了。是故，今生又迷惑顛倒，繼續造作地獄的惡業。正是由於我等不相信有地獄，才敢肆無忌憚、為所欲為，真是可憐憫者。

法藏菩薩考察他方世界無數的諸佛國土，看到六道中的地獄、餓鬼、畜生三惡道最為劇苦，於是稱合悲心發國中無三惡道願，乃至悲願慈光加持，令他方無量世界所有三惡道眾生，皆能生到我的淨土，受我法化，不久悉皆得成無上正等正覺。

二、不復更生惡道（第二願）

請看願文：

「設我得佛，國中天人，壽終之後，復更三惡道者，不取正覺。」

這一願意謂：我成佛時，往生到我剎土中的天人，壽命終了之後，不復更墮三惡道。如果此願不能兑現，我就不成佛。

為甚麼法藏菩薩會施設這一願呢？法藏菩薩在考察他方剎土時，見到有些剎土中的眾生，雖受人天福報善果，然很快人天福報享盡，又墜入三惡道，甚或有些修行人，臨終之際，昧卻本因，惡業種子現前，又墮落到三惡道裏去了。因此，法藏菩薩要令帶業往生的天人，雖然阿賴耶識中還有惡業種子，然終究不再墜入三惡道。

如何理解「壽終之後」呢？須知，往生極樂的眾生，本身亦如佛一樣，壽命無量，並無壽終一事。然有些往生者悲心甚切，於往生之前曾發過願，自己往生西方極樂世界，見到阿彌陀佛，就趕緊要回來度有緣眾生。這裏的「壽終」就是指為了酬自己往生前所發的願，而離開極樂本土，到他方世界度眾生的情形，並不是說在極樂世界還有壽命的終結，故並非真實的命終。

阿彌陀佛發這一願很慈悲，一切往生者如果還想回到五濁惡世來度眾生，都能得到不墮三惡道的保證。這就好比塗上了不死藥的種子，有了保護層，在水裏不會爛掉，在火裏不會燒焦，永遠不會損壞。有了阿彌陀佛這一願的保障，吾人就可以放心地發願：去極樂世界之後，再回來度眾生。因為阿彌陀佛會關照、護佑我們，到他方世界不會再下三惡道，臨命終時還能夠得佛慈佑，回到極樂世界去。

《西方確指》中的覺明妙行菩薩就是例證。覺明妙行菩薩前身曾是晉明帝時代的人，那一世受貧子身，一心生厭離，勇猛精進念佛七日七夜，證得念佛三昧，見到阿彌陀佛，後於七十五歲時往生。往生之後，悲心甚切，多次回到了震旦國，度化有緣眾生。或者作比丘，或者為居士，或者為國王，或者為宰官，或者為女人，甚至還做過屠夫、乞丐，等等。雖然他示現了這麼多身份來救度有緣眾生，但是都能夠順利地回到西方極樂世界去。明末清初時，為度他原來在唐代的八個弟子，覺明妙行菩薩降臨乩壇為他們傳授淨土法門。

這個例子說明，往生極樂世界之後，再回來度眾生就很自在了。故淨業行人首先要成就「往相迴向」：所有念佛、誦經以及種種功德悉皆迴向往生西方極樂世界。同時還要發願往生彼土見阿彌陀佛之後，還要回到娑婆穢土來度眾生，此為「還相迴向」。往相迴向與還相迴向的整合就能成就淨業行人的大悲心，與阿彌陀佛的悲願相應。

三、國中無不善名（第十六願）

請看願文：

「設我得佛，國中天人，乃至聞有不善名者，不取正覺。」

這一願意謂：我成佛時，在我的剎土中，國中天人不僅不會遇到不善的事實，乃至連不善的名稱都聽聞不到。如果此願不兑現，我就不成佛。

願文中的「不善名」就包括三惡道的名稱（諸如牛羊豬狗象馬等名稱，羅剎、餓鬼、毘舍闍等名稱，阿鼻地獄、阿旁鬼卒等名稱）、女人、六根不具，以及種種引發愁憂煩躁的名號，等等。「不善」意謂跟真如自性相違背、與無明煩惱惡業相應，而且對今世和來世的慧命會產生損害作用。比如此五濁惡世，不善的事與名甚多。五欲六塵引發吾人煩惱的念想，聽到不善的名稱，看到不善的事實，便會串習阿賴耶識中惡業種子。惡業種子起現行，現行熏種子，種子再起現行，……形成惡性循環，令吾人的生命狀態每況愈下。現代傳媒諸如電視、網路、報紙等，衝擊吾人感官的大多是不善的名稱，種種殺盜淫妄酒的報導，鋪天蓋地的煙酒類商業廣告，等等，令人心難以安寧。濁世人道的名稱，固有諸多不善，然地獄的音聲尤為不善，令人怖畏。

《首楞嚴經》中釋尊開示：眾生造十種惡習，就使得六根同時在地獄中受到交互的報應。比如六報中的「聞報」，是指耳根聽聞聲音所造的業，招引耳根以及其他的五根交受惡果。若生前不善攝耳根，喜歡聽淫蕩的聲音，耳聞淫聲所造的惡業屬於水的範圍，於是其人臨命終時，會先見到波濤翻捲淹沒天地的景象，隨後亡者的神識就會順着湍急的水流入到無間地獄。到了無間地獄，他的耳根會出現兩種相：一種是「開聽」，聞到動相——種種嘈雜喧鬧的噪音，備受折磨，精神迷悶；另一種是「閉聽」——聽不到聲音，寂無所聞，幽魄沉沒，感覺心無所託，非常恐懼。而聞報之水顯現在耳根上，就會聽到責問之聲，譴責生前所作的種種虧心事。聞報體現在眼根上，就顯現為雷和吼等非常惡毒的氣象。聞報體現在鼻根，感覺有雨霧灑下各種毒蟲，周滿了自己的身體，散發很難聞的氣味。體現在舌根，就會感覺到膿、血等種種雜穢不淨的味道。體現在身根，就會感覺到身體被餓鬼、畜生、糞、尿所觸碰。體現在意根，就會感覺心魄之識被閃電、冰雹所摧碎。總之，六根會受到以上種種交報，而這些都是生前耳根聽聞不善聲音的報應。證知，耳根聽聞的或善或不善的名稱與心性因果有直接的關聯。而十方世界，尤其穢土濁惡，不善名稱甚多。誠如善導大師偈云：

歸去來，魔鄉不可停。
曠劫來流轉，六道盡皆經。

到處無餘樂，唯聞愁嘆聲。
畢此生平後，入彼涅槃城。

此世界六道悉無安樂，唯聞憂愁嘆息的音聲。是故亟須信願稱名，畢此生平後，入彼涅槃城，安享阿彌陀佛為我等眾生施設的無不善名的清淨常樂境界。

有這樣一個公案：從前華氏國王，有一白象大力，能滅怨敵，若人犯罪，令象踏殺。後時象廄為火所燒，便將白象還到寺院附近，因每日聞比丘誦經念佛，心便柔和，起慈悲心。以後再將罪人牽來，白象只是以鼻孔嗅嗅，舌頭舐舐罪人而離開，不肯如先前那樣踏殺。國王見後，聽從智臣建議，復將白象還到屠宰場附近。白象每日見聞種種屠殺，惡心猛熾，踏殺殘害罪人，更為增盛。可見，善或不善的名稱的熏習，結局大為不同。

而熏習美好的音聲名稱亦會帶來善果報。《賢愚經》中有一個公案：曾有一隻鳥很入神地聽一位比丘誦經，有個獵戶一箭把牠射殺了，這隻鳥一下子就生到了忉利天。一

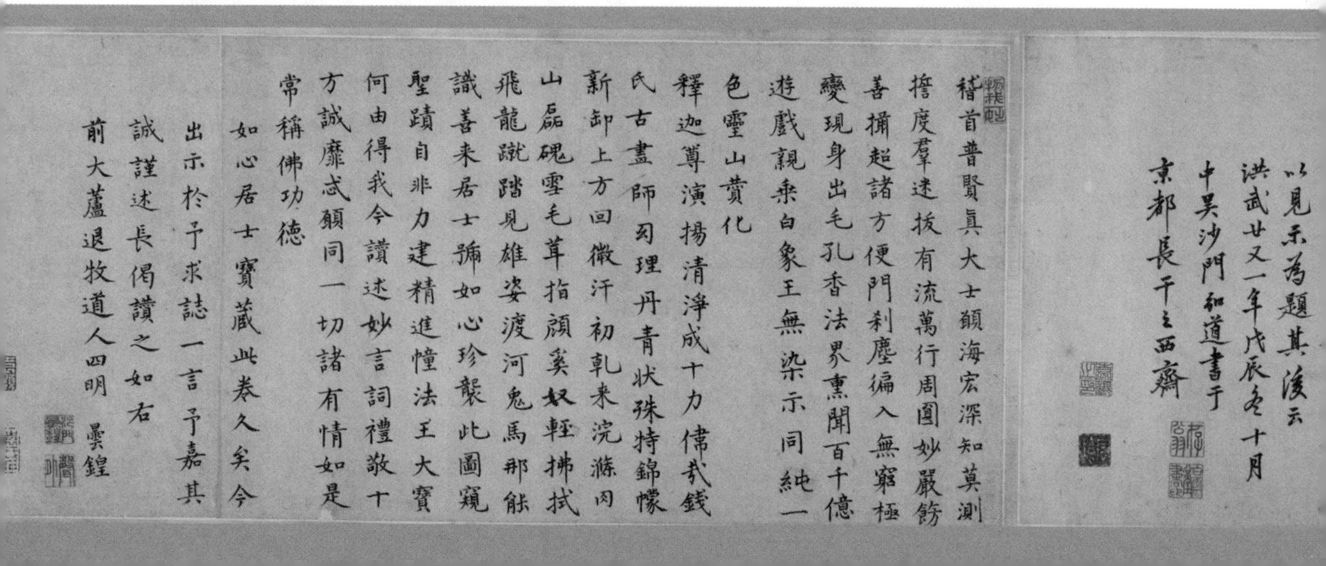

■〔元〕錢選《洗象圖卷》

到忉利天，報得宿命通，知道自己前生是鳥，由於聽比丘誦經的善因緣才生到了天上。於是此天人知恩報恩，每當這位比丘誦經，便從天上下來，散華供養。

阿彌陀佛悉心護念諸往生者的清淨心，串習善淨種子，令其趨向佛果。誠如天親菩薩偈讚：「大乘善根界，等無譏嫌名，女人及根缺，二乘種不生。」（《往生論》）意謂極樂世界是大乘菩薩法界，清淨平等，無有女人、殘疾的人，以及定性聲聞緣覺，甚至連此三種名稱也沒有。更不聞地獄、畜生、餓鬼的名稱，亦無邊地八難之名，亦無苦受愁嘆聲。尚無假設，何況有其實苦。到處洋溢的是念佛念法念僧的音聲，慈悲喜捨的名稱，寂靜聲、無生法忍聲，十力四無所畏聲，種種波羅蜜聲、灌頂受位聲。如是名稱，令國中天人獲得廣大愛樂歡悅，與真如法性相應，清淨善美，故名極樂。

或有人問，《阿彌陀經》說極樂世界有很多鳥——白鶴、孔雀、鸚鵡、舍利、迦陵頻伽、共命之鳥等，這些鳥不正是屬於畜生道嗎？為何說連三惡道的名稱都沒有呢？《阿彌陀經》對此特意說明，這些鳥不是罪報所生，乃是「阿彌陀佛欲令法音宣流，變化所作」。如是種種百寶色鳥是由寶池內摩尼寶珠的光明所變現（寶珠表阿彌陀佛心王），是願力所現，是故這些鳥的名稱不屬於不善名，乃是詮顯如來的究竟功德，屬於性德美稱，屬善名。

第二章　慈予平等色貌之樂

■第二十一願 各具三十二相願

阿彌陀佛因十方苦難眾生發大悲心，因大悲心稱性發四十八大願，由大願引導莊嚴妙土之菩薩大行。行山願海成就時，法藏菩薩自致而成阿彌陀佛。證知，因眾生故，菩薩得以成佛。是故，佛果屬於眾生。阿彌陀佛為深報眾生恩故，將其佛果功德全體施予眾生。首先令諸往生者具足如佛的相好莊嚴。本章有四願法義展開：一、各得真金色身；二、形色無有好醜；三、各具三十二相；四、菩薩得金剛身。茲分述如下。

一、各得真金色身（第三願）

請看願文：

「設我得佛，國中天人，不悉真金色者，不取正覺。」

這一願意謂：我成佛時，我剎土中的天人，身體悉皆呈現紫磨真金色。如果這一願不能實現，我就不成佛。

前一章所述三願屬悲以拔苦，從這一願開始屬於慈以與樂的範疇，以大慈心惠予往生者的樂事。樂事由淺到深，首先要予眾生好的相貌和好的膚色。茲因法藏菩薩考察他方世界時發現，由於眾生種族膚色的差別，往往導致傲慢、嫉妒、仇怨，乃至戰爭。比如此土，白色人種自認高貴，黑色人種被貶為低賤，一度淪為白人的奴隸，被稱為黑奴，於是便產生種族的歧視與屠殺。二戰時期，希特勒認為歐洲人種尤其是日耳曼民族是世界上最高貴的民族，他建集中營，欲將猶太人殺絕，不讓猶太人污染他自認為高貴、純潔的血統。

在佛的眼裏，一切眾生都是平等的，平等是心性的本態，亦是法界文明的核心。雖然人的福報有差異，膚色有差異，但在人格上一定是平等的。阿彌陀佛的大平等心體現在他的極樂世界裏，眾生沒有膚色的差異。

法藏菩薩這一願便從根本上根絕這樣的悲劇。身真金色相在佛的三十二相中排在第十四，這是修慈悲三昧，離開憤怒、怨恨所感得的身相，能夠令瞻仰者厭捨愛樂，滅一切罪，生一切善。黃金色代表常住不變，所以在心性上代表實相中道的證悟。只有修集甚深功德，才能感得身真金色相。如摩訶迦葉，往昔恭敬為佛像貼金，今世感得身黃金色，被稱為金色頭陀。

他方世界的淨業行人，無論是黃種人、黑種人、白種人，往生到西方極樂世界都能獲得同樣的顏色——如佛的紫磨真金色，互相瞻視，悉生歡喜恭敬之心。而且當身色如佛的身色時，自信自肯的尊嚴感油然而生，身心不二，會令往生者的心趨向於佛心功德——清淨、平等、慈悲、智慧。阿彌陀佛慈心與樂的功德不可思議。

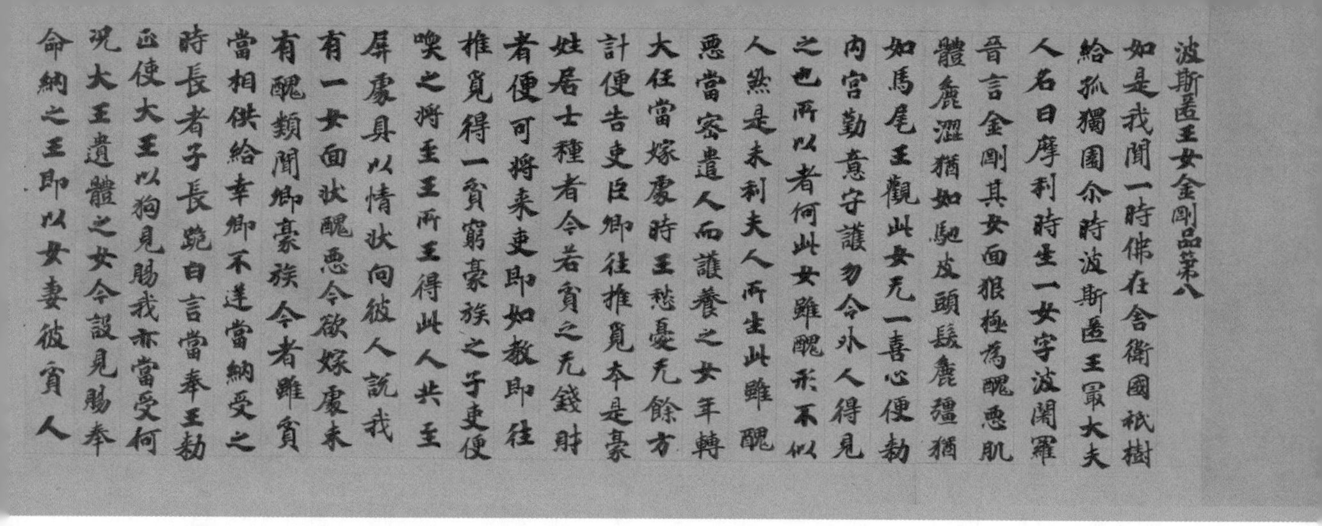
波斯匿王女金剛品第八
如是我聞一時佛在舍衛國祇樹
給孤獨園尒時波斯匿王最大夫
人名曰摩利時生一女字波闍羅
晉言金剛其女面狠極為醜惡肌
體麁澀猶如駝皮頭髮麁彊猶
如馬尾王觀此女无一喜心便勑
内宮勤意守護勿令外人得見
之也所以者何此女雖醜形不似
人然是末利夫人所生此雖醜
惡當密遣人而護養之女年轉
大任當嫁處時王愁憂无餘方
計便告吏臣卿往推覓本是豪
姓居士種者今若貧之无錢財
者便可將來吏即如教即往
推覓得一貧窮豪族之子吏便
喚之將至王所王得此人共至
屏處具以情狀向彼人說我
有一女面狀醜惡今欲嫁處未
有醜類聞卿豪族今者雖貧
當相供給幸卿不違當納受之
時長者子長跪白言當奉王勑
正使大王以狗見賜我亦當受何
況大王遺體之女今設見賜奉
命納之王即以女妻彼貧人

■〔隋〕佚名《賢愚經 · 波斯匿王女金剛品第八》

可見這一願，不僅莊嚴往生者的膚色，亦有着修道增上緣的妙用。

二、形色無有好醜（第四願）

請看願文：

「設我得佛，國中天人，形色不同，有好醜者，不取正覺。」

這一願意謂：我成佛時，我剎土中的天人形貌、顏色悉皆莊嚴清淨，沒有好醜的差異。如果此願不兌現，我就不成佛。

這一願是側重在容貌方面。容貌有高矮美醜的差異，他方世界的眾生由於業力不同，相貌的好醜也不一樣。中國的相術認為人的富貴貧賤都跟長相的美醜有直接關聯。福人自有福相，貧賤者一副賤相。他方世界眾生由於長相美醜的差異，每每產生分別心。長得好的沾沾自喜，引以為傲，而長得醜的有自卑感。特別是女人很在意美醜，美女眼空一切，醜女看到美女則會產生深刻的嫉妒心，由此引發種種糾紛摩擦。

現代人身見我執越來越重，所以美容的生意很興隆。很多女人去美容，把單眼皮割成雙眼皮，塌鼻梁墊成高鼻梁等。而且不少男士也去美容，令人頗感怪異。然有人花了很多錢去美容，效果並不好，有的反而被毀容，有的被人矇騙，花了不少冤枉錢。其實有個不花錢就能讓自己容貌莊嚴的方法，那就是念佛。《賢愚經》中波斯匿王與摩利夫人生了個醜女，就是經由觀佛形相，變得相貌端嚴，如同天女的。念佛觀佛能夠改變容貌是有依據的。《觀經》云：「諸佛如來是法界身，入一切眾生心想中。是故汝等心想佛時，是心即是三十二相、八十隨形好。是心作佛，是心是佛。諸佛正遍知海，從心想生。」阿彌陀佛的法報化三身已然入到吾人心想中。吾人或觀佛相時，或執持名號，是心即能呈現佛的相好莊嚴。所以當吾人至誠念佛時，身心柔軟，容貌也會趨向於佛的相好。

在這個世間，長相的美醜需要自己負責任。然往生到西方極樂世界，吾人的容貌便超越業力控制了，阿彌陀佛以平等慈悲心將佛的相好全都恩賜給我們，不僅往生的天人有着佛的容貌，甚至他方世界蜎飛蠕動之類眾生，如貓、狗、老鼠乃至地獄眾生往生，經由寶池蓮華化生，悉皆平等一相。三惡道中的往生者，亦如佛相，與其他道的往生者，亦無好醜的差別，所獲利益更為不可思議。此乃阿彌陀佛平等願力加被所致。

極樂世界的眾生平等一相，不會因相貌好醜的不同而引起鬥諍、仇怨、摩擦，乃至戰爭。往生者由相互的平等相，體認無相，無相又無不相，是為妙相。

三、各具三十二相（第二十一願）

請看願文：

「設我得佛，國中天人，不悉成滿三十二大人相者，不取正覺。」

這一願意謂：我成佛時，往生到我剎土的天人悉皆圓滿成就三十二大人相。如果此願不兑現，我就不成佛。

阿彌陀佛因地考察他方世界時，見到有諸多的佛在各個剎土示現八相成道，然而這些佛座下的弟子長相有差異，有長得莊嚴的，也有比較醜陋的。例如釋迦牟尼佛座下的弟子憍梵波提，他由於前五百世做牛，因此就有牛吃草的反芻習氣，雖然證了阿羅漢，但還是被人譏嫌，所以佛讓他到天上去受天人的供養（天人了知尊者內在德性，生恭敬心，不致譏嫌）。

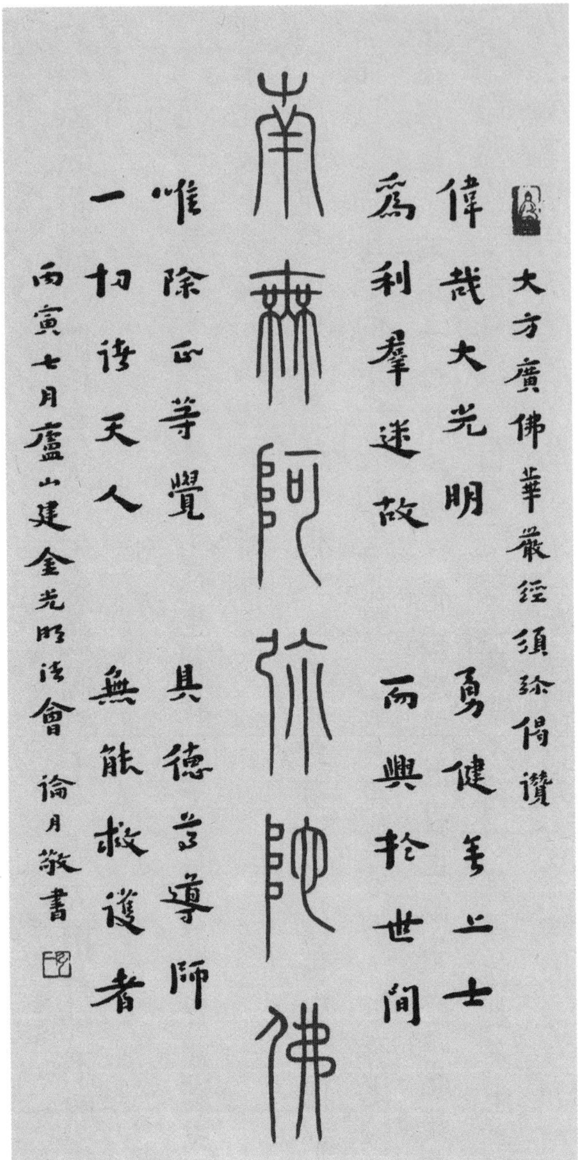
大方廣佛華嚴經須彌偈讚
偉哉大光明　勇健無上士
為利羣迷故　而興於世間
南無阿彌陀佛
唯除正等覺　具德尊導師
一切諸天人　無能救護者
丙寅七月廬山建金光明法會　論月敬書
■弘一大師墨寶

三十二大人相是指佛相。佛性無相無不相，佛應眾生的好樂示現三十二相。世間最莊嚴的相，是轉輪聖王所具有的三十二相，佛因是示現三十二相，然清淨微妙之德，遠勝於轉輪聖王相。

於此，概略地介紹三十二相。三十二相的名目及排列次序，大小乘經典略有參互，然大同小異。茲引《大智度論》的排列次序來分別予以講述。

第一，足下安平立相。佛的足底平直，接觸地面不會有間隙。地面若是有高差，佛足踏上去，地面即平展。此相是修六度所感得，表接引、導引、利益眾生之德。

第二，千輻輪相。佛的足心顯現千輻輪，其輪相有一千個輻（車輪的轂輻），此千輻輪相，表破愚痴、無明之德。

第三，手指纖長相。佛的手指柔軟、纖長。此相是由因地恭敬禮拜師長，破除驕慢心所感得。亦表明壽命長，能令眾生生歡喜心，至誠皈依。

第四，足跟廣平相。佛的足跟廣大平直，站立如山那樣堅固穩實，能作眾生之依怙。

第五，手足指縵網相。佛的手足一一指間有縵網。類似鵝或雁的蹼，只要張開手指就能現出來，合閉手指則不現。這是由因地修四攝法，攝持眾生而感得的相，表離煩惱惡業，至無為彼岸之德。

第六，手足柔軟相。佛的手和足非常柔軟，這是由因地以上妙飲食、衣服供養師長，或在父母師長生病時，親手為父母師長擦洗，親自奉事供養所感。在佛的果地上，此相表平等攝取親疏眾生之德。

第七，足趺高滿相。佛腳比常人的腳要長、寬、高很多，站立穩健，如須彌山山根，足趺呈高大圓滿之相。

第八，腨如鹿王相。佛的兩腨就像鹿王之腨一樣，纖圓之相。

第九，垂手過膝相。佛的手臂很長，立正時，手垂下來在膝蓋下面。此相由離開貢高我慢，好布施，不貪着的德行所感。

第十，馬陰藏相。佛的男根是藏在身體裏面的，就像馬王那樣。這是由斷邪淫，救護恐怖眾生而感得。

第十一，身廣長等相。佛的身體以臍部為中心，廣和長的距離是相等的。

第十二，身毛右旋相。佛身體的毫毛都是向右旋轉的。

第十三，孔生一毛相。這是佛的每個毛孔生出一毫毛之相。

第十四，真金色相。佛的身體呈真金色，這是離開瞋恚，慈眼視眾生而感得的相，能令瞻仰的眾生厭捨五欲的好樂，滅罪生善。

第十五，常光一尋相。佛有常光與放光二種。常光即為恆常具有；一尋是指兩手伸開的距離，相當於佛的身高。佛光明熾盛。昔有比丘尼向優波毱多尊者敘述，自己年二十始欲行嫁時，頭上的黃金首飾掉在了深草中，求之不得，復以燈燭，遍照尋覓，了無所得。正值如來經過，金光晃耀，如百千日，幽暗之處，普皆大明，尋見己黃金首飾，因即取之。

第十六，皮膚細軟相。佛的皮膚細膩、柔軟，一切塵垢都不能沾染上。

第十七，七處隆滿相。七處是指兩手、兩足、兩肩還有頸脖子。佛的這七處悉皆圓滿豐盈，沒有凹凸不平。

第十八，腋下平滿相。佛的兩腋呈平展圓滿之相。

第十九，上身如師子相。佛的上身，包括頭部，威容端嚴，力量感很強，就像師（獅）子王一樣的健猛之相。

第二十，大直身相。佛在眾生中示現，其身軀是最高的。佛陀示現的身高是丈六，比一般人高出一倍。

第二十一，肩圓好相。佛的雙肩圓滿有力，就像象王的鼻子，有收與拓的抑揚韻律。給人以力量感，眾生覺得靠得上。

第二十二，四十齒相。佛的牙齒有四十顆，這是由因地沒有犯任何口業所感

■〔隋唐〕《釋迦牟尼佛》雲岡石窟

之相。

第二十三，齒密齊平相。佛的牙齒很密很整齊，沒有縫隙。

第二十四，四牙白淨相。佛的四十顆牙齒中，上下各有兩齒，這四顆白牙顯得比較大，而且像雪山的珂雪一樣潔白清淨。

第二十五，師子頰相。佛的臉頰有師（獅）子頰的骨感，具大威德。造佛像要表現出佛的威德。從宗教感來看，具慈、悲、威三要素的佛像才是有神韻的佛像。「慈」德可以眼神表達，慈眼視眾生；「悲」德要用嘴唇表達；「威」德得用方形臉以及師子頰的骨感來表達。

第二十六，常得上味相。佛食任何食品悉具美味，這是由於佛的口中有兩處分泌甘露泉水（俗稱津液），此口中津液能使一切食物變成最美好的味道。

第二十七，廣長舌相。佛的舌頭很長，很薄，很寬。藏教佛的舌頭能夠伸至髮際，把面部覆蓋住。然廣長舌，縮回口中時，不會有塞滿感，寬綽自如。

第二十八，梵音相。佛臍輪發音，深沉如雷，音質清淨哀雅，令眾生聽聞生歡喜，直透內心。

第二十九，目紺青相。佛的眼睛是紺青色的，即青中呈紅色，《讚佛偈》云「紺目澄清四大海」。

第三十，眼睫如牛王相。佛的眼睫毛又長又整齊，不散亂，就像牛王的睫毛一樣。

第三十一，頂上肉髻相。佛的頭頂上有高起來的肉髻，這是由教眾生受持十善法，自己也受持而感得之相。又由恭敬他人，因地謙卑托缽，降伏高慢所感。

第三十二，眉間白毫相。佛的兩眉之間有白毫，右旋放光，白毫伸展出來，長一丈五尺。這是應身佛的相。若是報身相，白毫有五須彌山長度，「白毫宛轉五須彌」是指阿彌陀佛報身的白毫相。白毫相展開乃是法界的神妙。此相是由見到眾生修戒定慧三學而隨喜稱揚讚歎所感的。

三十二相是一切諸佛都共同具有的，在經過三大阿僧祇劫的修行之後，最後用一百小劫，最短也得九十一劫來修這個三十二相。意謂修一百福才能莊嚴一相，三十二相就得要三千二百福來莊嚴，又稱千福莊嚴相。何謂一福？比如將整個三千大千世界的盲人都治好，令他們能夠重見光明，這才修到了一福；又如三千大千世界的人命該死亡，能讓他們不死去，這就修到了一福。用一百福才莊嚴一相，可見三十二相的自力修行圓滿，殊為不易。

成就三十二相的總因，是要清淨持戒才能感得。若毀犯淨戒，尚且不能得野干身，更何況能感三十二大丈夫相！此三十二相乃是無量的善業福德所感。

感得三十二相的方法，還有塑造佛像。《大乘造像功德經》云，若有眾生不是只為自己求出離三界，而是為了證得無上菩提這個目的來造佛像，即為三十二相之因，能令其人速致成佛。

這三十二相，少了就不圓滿，多了又顯得雜亂，所以三十二相不能增也不能減，可謂恰到好處。

菩薩莊嚴三十二相，乃是為了成就阿耨多羅三藐三菩提。阿耨多羅三藐三菩提即是法身功德，無形無相，而三十二相、八十隨形好才能寄寓法身功德。《大智度論》比喻，如同國王的女兒要出嫁，由於公主出身高貴，所以男方家一定要把房室布置莊嚴、淨潔，各種家具什物也都妙好，她才會嫁過去。阿耨多羅三藐三菩提亦復如是，一定要有三十二相、八十隨形好，無上正等正覺（即法身功德）才得安住。

所以一尊佛像有沒有靈驗，有沒有感應，實際上就看它造得莊嚴與否。佛像莊嚴了，就寄寓了法身的功德，即阿耨多羅三藐三菩提的功德，那一拜就有感應，能夠有求必應。是故，造佛像是非常重要的修行，釋迦牟尼佛說他因地行菩薩道時，每一世都造佛像。

又從利益眾生的角度來看，有了三十二相、八十隨形好，就能使眾生生起恭敬之心，知道具有這個相的佛陀有殊勝的德能值得崇仰。阿難尊者之所以要出家，就是由於看到釋迦牟尼佛相好莊嚴，於是心生仰慕，剃度出家。

《地藏菩薩本願經》中，釋迦牟尼佛介紹地藏菩薩因地四種身份的發願，其中首先介紹的就是地藏菩薩因地作長者子時的情形。當時，這位長者子見到師子奮迅具足萬行如來相好莊嚴，千福莊嚴，因而生起了由衷的仰慕之心，就恭敬地問佛要作何行願才能得到這樣的相好。師子奮迅具足萬行如來就向他開示，若想感得這樣的相，就要發大悲心，久遠度脫一切受苦眾生。長者子一聽，他就隨順佛

■〔清〕丁觀鵬《法界源流之地藏王菩薩》

語發大願：從今日盡未來際不可計劫，要悲心度脫一切苦難眾生，這些眾生得解脫已，自身方成佛道！可見，長者子最初也是看到佛的相好莊嚴而發菩提心的。

我等眾生相貌醜陋，三十二相中一相都沒有，然我等眾生念佛往生西方極樂世界，蓮華化生，就能具有佛的三十二相、八十隨形好。此乃阿彌陀佛以同體的慈悲，把果地上的福德恩賜給往生者，全攝佛功德為自功德。窮子繼承慈父家業，驟然富貴。

淨土法門的奇特就在此處。吾人要有自信心，要直下接納阿彌陀佛的這份賜予，因為我們自性本來就具有三十二相、八十隨形好，只不過是我們妄自菲薄，自暴自棄，才變成了現在如此醜陋的相貌。就好像一位轉輪聖王臥於黃金牀上，做夢夢見自己變成了一隻螞蟻，這隻螞蟻為了腥臭骨頭渣滓爬行在丹墀台階上。當他執着螞蟻就是他自己時，便渾然忘記他本是黃金牀上的那個擁有三十二相的轉輪聖王。我等眾生亦復如是。阿彌陀佛以大悲願力恢復了我等的本來面目，吾人當以感恩心信受接納。

這一願昭示：吾人一定要信受阿彌陀佛此願的功德，阿彌陀佛予以往生者三十二大丈夫相，這是何等的恩賜啊！證知，極樂世界是大平等的法界，由阿彌陀佛大平等的慈心所顯現，雖然國中天人煩惱還沒有伏斷，但在福德受用上卻有着如佛的相好德用。令諸往生者由佛相體認佛心，進而證入佛果。難信之法，勝妙之極。吾人信解此願，唯深感佛恩浩蕩而已矣！難信極難信在此處，勝妙也勝妙在此處。

四、菩薩得金剛身（第二十六願）

請看願文：

「設我得佛，國中菩薩，不得金剛那羅延身者，不取正覺。」

這一願意謂：我成佛時，我國中的菩薩悉皆能得金剛那羅延的身體。若此願不能兌現，就不取正覺。

法藏菩薩在考察他方世界時發現，眾生的業報身往往陋劣，包括諸佛座下的諸多弟子也不算勝妙，是故發願往生極樂國的菩薩眷屬皆得那羅延之金剛堅固身。金剛表體性堅固，那羅延是天上力士的名稱，表明力量強大。換言之，極樂之往生者得阿彌陀佛願力加持，即可獲如來身。

反觀我等業報身，是地水火風四大所構成，血肉之軀，常為疾病所苦惱。四大如同篋中四條毒蛇，無論怎麼侍候牠，牠都會反咬一口，一大不調就會起一百零一種病，病苦便伴隨一生。同時這個業報身又是無明欲望的產物，欲火燃燒，身心燥熱，不得安寧。是故，人之大患在有身。有此陋軀就必然要生病，必然要衰老，必然要死亡。苦哉奈何！古人云：「生病方知身為苦，健時多為他人忙。」平時還不覺得身苦，等到生病，發燒疼痛難忍，痛得叫爹叫娘時，才知道這個身體很苦，而健康的時候都在忙忙碌碌為他人作嫁衣裳了，從來沒有想過怎麼解脫身體的苦患。

淨業行人要常觀身體的不淨，這一層薄皮裏面裹的都是糞、尿、膿、血、痰，極為污穢。而眾生還時常去梳妝打扮，灑香水，撲脂粉，用種種方法掩飾身體的污穢，做自欺欺人的勾當。

對我等業力凡夫種種身體的苦患，阿彌陀佛一目了然，是故從大悲心顯現此願。十方眾生生到西方極樂世界經由蓮華化生，就不再是血肉之軀，而是那羅延的金剛身。此金剛身沒有八萬四千戶蟲，因此永不生病。此金剛身不是無明業力所載的凡軀，而是由阿彌陀佛正覺願海所生。「如來淨華眾，正覺華化生。」(《往生論》)一切往生者，悉由阿彌陀如來正覺蓮華中化生。此蓮華即是轉凡成聖的玄妙宮殿。是故從蓮華出來，即是金剛那羅延的身體，又稱為「清虛之身，無極之體」(《無量壽經》)。

清虛是道教的概念，意為清淨虛無。即身體不是由肌肉、血液、骨骼等實體所構成，乃是光磁的集合。無極也是道教的概念，表空性、實相，無極之體說明是以實相法性為其體。換言之，清虛之身，無極之體即是如來身。如來身乃是由無量福德和智慧所凝聚，是發阿耨多羅三藐三菩提心後，修一切善法，諸如修三十七道品，修慈悲喜捨四無量心，修六度萬行諸功德所顯現出來的身體。如來身永不會生病，不會衰老，不會死亡，無衰無變，無始無終，壽命無量。

有了無量的壽命，有了堅固的金剛身，有了那羅延的力量，才能逍遙自在，才能夠回入娑婆世界煩惱稠林、生死之海來開化恆沙眾生。否則，欲於穢土度眾生，因自身孱弱故，無濟於事。

省庵大師《八苦詩》中，有一首述病苦詩，與此願有點關聯，援引如下：

四大因時偶暫乖，此身無計可安排。
殘燈留影不成夢，夜雨滴愁空滿街。
自昔歡娛何處去，只今苦痛有誰懷。
豈知極樂清虛體，自在遊行白玉階。

厭離娑婆與欣求極樂是一體兩面。在這首詩中，通過病苦就把厭欣聯繫起來了。地水火風四大一時不小心就會失調，一失調就開始發燒、寒顫、痛苦呻吟。生病的時候無計安頓這個苦惱的身體，坐又坐不住，走也走不動，躺着又難受，吃飯咽不下，無計可施。在苦痛中就感覺長夜漫漫，殘燈留影，而且由於病痛無法入睡，連夢都做不成。深夜的雨滴都好像在滴淌愁緒，滿街都是愁苦。這時就想到，往昔身體健康時到處去娛樂，現在病苦纏身，有誰還會懷念自己呢？寂苦之際，宜應憶念極樂世界，只要往生彼土，這個苦惱的病體，就轉換成金剛那羅延身了。金剛身體即能遠離病苦、衰老、死亡，逍遙安樂，自在遊行在樂邦白玉台階上，乃至可以分身散影到他方世界去上求佛道，下化眾生。為之，亟須厭離這苦惱的病軀，矢志極樂蓮邦，換一個金剛那羅延身體。勉哉慶哉！

第三章　恩賜六通法喜

■第五願 宿命智通願

四十八大願是阿彌陀佛大慈悲心的呈現，第一章所述三願法義是悲以拔苦，第二章所述四願法義是阿彌陀佛對往生者外貌莊嚴的恩賜，令國中天人紫磨真金色，容貌無有好醜，平等一相，悉皆等同佛相。餘等四十一願大略總屬慈以與樂的範疇。

然若只是外貌莊嚴，卻沒有內在的神通妙用，不具備自證化他的勝妙功德，那外形和內德就不相符了。阿彌陀佛自然會對往生者給予內在德能的恩賜，這就體現惠予六種神通之願。

談到六種神通，先要對「通」和「明」的差異加以分辨。何謂神通？神就是神妙莫測、不可思議的意思，通就是通達無有障礙。比如說宿命通，能知自身與他人過去百千萬劫宿命及所作之事，這叫宿命通。若進而了知其所以然，知道種種死此生彼之業緣因果，就叫宿命明。聲聞緣覺或有通不具明，而大菩薩是通與明同時具備的。

六種神通悉以智慧為體性。從通途佛法來看，一個修行人摒棄五欲，嚴持戒律，由戒生定，由禪定生起種種神通。菩薩因慈悲心，為救度眾生取神通，現種種稀有奇特之事，從而令眾生內心清淨，恭敬心生，由此聞法信解，發菩提心，證無上果。菩薩若無神通妙用，就難以成辦普度眾生之佛事。

由禪定啟神通有一定的次第。一般是先得天眼通，這是在六通中最容易得到的。因天眼見此界他方眾生之後，就想聞其音聲，因此求天耳通。進而欲知眾生的心心所（心之所念），即求他心通。再要知道眾生多生多劫死此生彼的情形，就求宿命通。為對治眾生的種種煩惱業障病故，求漏盡通。為了救度更多的眾生化導剛強故，就求神足智通。這是通途佛法求取六種神通的次第。而阿彌陀佛的發願，卻是把宿命通擺在首位，順序依次是宿命通、天眼通、天耳通、他心通、神足通、漏盡通。彰顯淨土法門是依靠佛力加持從果覺下手，以佛果地上的功德作眾生的因心，其獲得六神通的次序自然與通途佛法從因證果得神通的次第，不可同年而語。

阿彌陀佛惠予諸往生者內在神通法喜之樂，本章有七願法義展開：一、生者皆得宿命；二、皆得天眼徹視；三、皆得天耳徹聽；四、皆得知他心念；五、皆得神足飛行；六、不起貪計身見；七、受樂同於漏盡。茲分述如下。

一、生者皆得宿命（第五願）

請看願文：

「設我得佛，國中天人，不識宿命，下至知百千億那由他諸劫事者，不取正覺。」

這一願意謂：我成佛時，我國中天人，悉具宿命智通，最低限度能了知百千億億諸劫之事（那由他即億）。若此願不兑現，我不取正覺。

法藏菩薩發願在他成佛的時候，他國土中的天人都能了知自己與他人過去世的生命流轉的情形。「那由他諸劫事者」，了知宿世之長，至少有百千億億諸劫的事。「事」就包括出生時劫、名字、種族、壽命、福報，以及所處剎土的情況等等。這裏表達「下至」的時間，亦隱含「上至」的時間，那就是無量無數不可說劫的時間維度了。

阿彌陀佛把「宿命通願」擺在首位，蘊義深遠。設身處地想，他方眾生往生到極樂世界寶池德水，從蓮華化生出來，具證一個全新的生命境界，其新奇、詫異、驚喜油然而生。這時的往生者期冀知道生命大幅轉換的真相，阿彌陀佛適時地以宿命智通，惠施於往生者，令其了知自己的前生是在何方國，是何身份，以何方式得以往生，再看到自身紫磨真金色、三十二相八十隨形好，乃會深深感戴佛恩，至誠稽首阿彌陀佛。諸往生者常端坐於寶池蓮台上，各述自己來生始末，了知得以往生之因悉是信願念佛，仰託阿彌陀佛的願力接引所致。蓮池海會勝友「同一念佛無別道故，遠通夫四海皆為兄弟也」，倍感親切。

宿命通有通過修禪定而獲得，有自然獲得。宿命所知的時間有長短的差異。有的人一生下來，便知道前世，所謂的「再生人」，有的能夠知道三世，證果的阿羅漢入定則能知道八萬大劫的宿命。

阿彌陀佛給予往生者宿命智通，遠超於聲聞、緣覺和菩薩的所知境界，乃是佛地果覺的宿命通的賜予。此宿命通能夠了知自己以及一切眾生的宿命，對其在過去不可說不可說佛剎微塵數劫時間中，宿世所經歷的種種事情都能瞭解。比如：出生的剎土、名字、種族、飲食、苦樂憂喜、壽命長短、修行與否、與善知識的緣分等等。無量劫以來，眾生在六道不停地輪迴，或許今生在人道，下生就到了畜生道，再下生又在天道，……即使是畜生道，又有不同的畜生種類。總之，有種種品類。而且並非只在一個地方投生，還有種種國土，很多的剎土都去過。佛境界的宿命通對於這些，以及種種因緣、受生差別，等等，皆悉了知。而且不僅知道凡夫的宿世因緣，也能夠憶念、了知過去無量無數劫一切諸佛種種八相成道教化眾生的事跡。

宿命智通亦是一切眾生本具。只是由於我等眾生心性散亂渾濁，致令此能力被禁錮。阿彌陀佛威神願力強緣加持，令一切往生者首先獲得此本具之宿命智力，直接開發出大乘佛地的宿命智通。何幸如之！

二、皆得天眼徹視（第六願）

請看願文：

「設我得佛，國中天人，不得天眼，下至見百千億那由他諸佛國者，不取正覺。」

這一願意謂：我成佛時，我國中天人都能得到天眼智通，最低限度也能見到百千億那由他諸佛國的情景。若此願不兑現，我就不成佛。

天眼即為天趣之眼，為五眼之一。它是以色界的四大（地水火風）要素所造的清淨眼根，能夠現知和前知或粗或細、或近或遠的一切諸色，能夠見到眾生未來死此生彼的情形。天眼通亦有兩種，一種是通過修行得到的，另一種是與生俱來，自然報得的。一般天眼通只能見到自己這個界面，以及層次低於自己的眾生的情況，但這一願所體現的天眼通是能夠見到十法界的情形。另外，從通途佛法來講，天眼通由於修證程度的不同會有廣狹的差異，聲聞緣覺在作意和不作意的情況下所見的區域是不一樣的，而且最多不超過三千大千世界的範圍。但在這一願中，所施設能觀區域最低限度都有「百千億那由他」的諸佛國土的廣闊境界。圓教的諸佛菩薩通過天眼能夠見到現在以及未來無量無邊世界的事情。《華嚴經》表述：菩薩摩訶薩以天眼通能見到無量不可說不可說佛剎微塵數世界中眾生升沉轉迴之情況。他們在何處死亡，又在何方出生；或升入三善道，或墮到三惡道；或由善因得福報，或由惡因遭罪果；相貌或美好，或醜陋。這些品類無量的六道眾生，菩薩都能夠以無礙天眼悉皆明見。並且，也能見到這些眾生隨其業報招感的種種苦樂。所見情形，如明鏡自鑑，無有錯謬。

我等眾生雖然本具天眼智通，然由煩惱厚重，肉眼昧劣，一葉障目，不見泰山，隔着牆壁就不知道牆壁外面的事情。比如有否地外文明之事，由於沒有天眼通，縱然證據甚多，吾人還是多疑少信。若具天眼通，就能了知其他星球的種種情形了。或者佛力加持，令凡夫得見。如《法華經》發起序中，「佛放眉間白毫相光，照東方萬八千世界，靡不周遍，下至阿鼻地獄，上至阿迦尼吒天。於此世界，盡見彼土六趣眾生，又見彼土現在諸佛，及聞諸佛所說經法。」若吾人能廁身法華勝會，目睹佛光所現他方世界情形，有否地外文明，就不是猜測推斷的範圍，乃是現量親見的境界。

極樂世界的天人欲見其前世的家親眷屬、國土情形，立時可見。不僅能夠看到現在，乃至於能夠了知盡未來際無數劫，一一劫中所有眾生命終之後投生何方，以及種種業行果報，或善或不善，或修行或不修行，或決定出離或不決定出離，或邪定聚或不定聚，或積集善根或不積集善根，或積集罪惡法或不積集罪惡法等等，這一切都能了知。而且還能了知盡未來際不可說微塵數劫，一一劫有無量的諸佛名號，一一如來修因證果的過程和他們教化眾生的佛事。

天眼通能夠知道現在他方世界眾生的情形尚可理解，但為何還能知道未來際眾生和諸佛出興於世的情形呢？

華嚴十玄門有「十世隔法異成門」，表達十世古今，始終不離於當念。在過去世、現在世和未來世這三世中，每一世又分別有過去世、現在世、未來世，這樣一共有九世；這九世入於現前一念，即為第十世。十世是相即相滲的，現在世可以入到未來世，同時未來世也能入到現在世，現在世亦可入到過去世。在吾人線性思惟中，未來世的事情尚未發生，如何可見呢？然在事事無礙法界中，未來世即能夠入到現在世。從以相滲相即來觀照，吾人現前若善若惡的念頭都會影響未來無量劫的事情，而未來的事情也能影響到現在。過去現在未來三際時間的相即，在天眼智通中能有立體全方位的呈現。現代量子物理學與超弦理論也在研究時間相即的問題。

或有人提出詰難：他方穢土尤其欲界眾生都有飲食男女的欲望，阿彌陀佛為讓往生者心清淨，曾發願國無女人，這對修清淨梵行有益。然又讓往生者得天眼通，看到他方世界女人，以及家庭生活，這不是對修行有妨礙嗎？這種質疑，乃是以凡夫心度聖賢腹，並不相應。須知，西方極樂世界的天人，從蓮華化生，獲得天眼遠視的功能，同時心地開明，般若智慧現前，悉皆現量了達一切法的空性，如夢幻泡影。一切幻化之相，當體即空，無所得，幻化女人相是不可能更污染往生者的清淨心的。更何況極樂天人之天眼智通也是隨心所欲的，若想見，自然見到欲見之事；若不想見，則了不可見。是故吾人毋須替極樂聖眾擔憂。

三、皆得天耳徹聽（第七願）

請看願文：

「設我得佛，國中天人，不得天耳，下至聞百千億那由他諸佛所說，不悉受持者，不取正覺。」

這一願意謂：我成佛的時候，我剎土天人都能得到天耳智通，最低限度也能夠聞到百千億億諸佛所說法音，悉皆信受奉持。若此願不成就，我就不成佛。

阿彌陀佛悲心加持，令諸天人得天耳智通，聽到十方諸佛說法的音聲，信受誦持，開啟智慧，增上自證功德。下至聽聞地獄眾生受苦的音聲，餓鬼飢渴逼惱求索飲食的音聲，禽獸嗚呼相叫的音聲，增進利他之大悲心。可見，天耳智通是自證化他之增上緣。對我等閻浮提眾生尤為親切重要，我等眾生耳根最利，修行常從耳根入手，天耳智通即是返聞聞自性契證圓通之增上緣。

極樂天人所具天耳智通亦是佛地果覺功德，所聞的區域無量廣大，能聞十方無量無邊的剎土的一切音聲，對此一切音聲，想聞即能聞到，不想聞就寂爾無聲，隨意自在。例如東方有不可說不可說佛剎微塵數的諸佛，所說的經法，所施設的善巧方便，所調伏的煩惱，所證得的甚深的法性之海，種種善巧清淨之法，都能聽聞受持。而且對於佛所表達的或文句，或法義，或者對一人說的，或者對眾人說的，如佛所說的音辭、智慧等，如所了達，都能記憶不忘，不迷不惑。聽聞之後為其他眾生演說，也能令他人得到悟解，不忘失一文一句。不僅東方無量無邊的諸佛說法能夠聽聞受持，對於南西北方、四維上下無量無邊諸佛所說的法，亦復如是。且耳根聰徹，聞一音，悉了無量義理，徹法性之源底。

如此世間有耳根聰利者，聽音聲就能診病、算命，諸如壽命長短和福報大小，以及身體的疾病情況，聆聽國家的音樂就能知道其國運的興衰。戰國時期的大音樂家師曠就有這種聞聲辨樂知興亡的能力。他為了使耳根聰徹，不惜將自己的眼睛熏瞎，令心力專注於耳根。這就是「絕利一源」。杜絕了其他分散心力的渠道，把所有心力聚焦於耳，這耳根的功能就能夠十倍、百倍，甚至萬倍地增上，於是就能出現奇特的功能。

茲因阿彌陀佛願力加持，極樂天人的天耳智通能夠通達十法界，上至佛法界諸佛講經說法的音聲，下至阿鼻地獄眾生痛苦呼救的聲音，悉能聽聞。由此，增上上求佛道、下化眾生之菩提心。

四、皆得知他心念（第八願）

請看願文：

「設我得佛，國中天人，不得見他心智，下至知百千億那由他諸佛國中眾生心念者，不取正覺。」

此願意謂：我成佛的時候，我國土中往生的天人都能照知一切眾生心中所念，最低限度也能了知百千億億諸佛國中眾生的心念。若此願不能實現，就不成佛。

法藏菩薩觀察他方世界發現，若僅能以天眼看見他方世界的形象，以天耳聽聞他方世界的聲音，卻不能瞭解他人心之所念的話，也是不完美的。眾生心機不一，內心的想法，不會輕易暴露出來，人與人之間常常會發生欺詐、誤會以及善惡難分的情況，古往今來知人最難，只能「路遙知馬力，日久見人心」，長時間相處觀察，才能知道當人的行操。

中國歷史上有兩個著名人物——周公和王莽。從外在形跡來看，這兩人有相似之處。白居易詩曰：「周公恐懼流言日，王莽謙恭下士時，向使當初身便死，一生真偽復誰知？」這首詩寓意深刻，意謂周成王繼位時年幼，由叔父周公攝政，周公非常勤勞地輔佐幼主成王治理天下。這時卻有人在成王面前進讒言，說周公要篡位，成王聽後也起了疑心。於是周公就到楚地躲避，致令天象發生變異。後來成王發現了一份周公捨身救武王的祈禱文，這才相信周公之忠，將他隆重地迎請回朝。而王莽開始為官時行事非常謙卑，禮賢下士，生活簡樸，可是一旦取得王太后等的信任，掌握了實權，他就篡奪了皇位。這二人同居實權高位，然居心行止卻迥然不同。若周公在被讒言所傷的時候就去世了，或者王莽在他禮賢下士、謙恭簡樸的時候離世了，那後人又如何知道這兩人究竟是忠還是奸呢？畢竟凡夫沒有他心智通，無法辨別，只有事後方可評判。

古往今來，識別人心是一個永恆的難題。孔子有一段識人的箴言：「視其所以，觀其所由，察其所安。人焉廋哉？人焉廋哉？」（《論語》）這幾句話耐人尋味。從字面上看，似乎是指瞭解一個人，需要看他的行為，觀察他的動機，細微地了知他的心安在何處，如此一來，這個人還能怎麼隱藏呢？一般註釋悉作如是說。而蕅祖解釋，這個「其」字，不是指他人，而是指自己！意謂識別他人，先

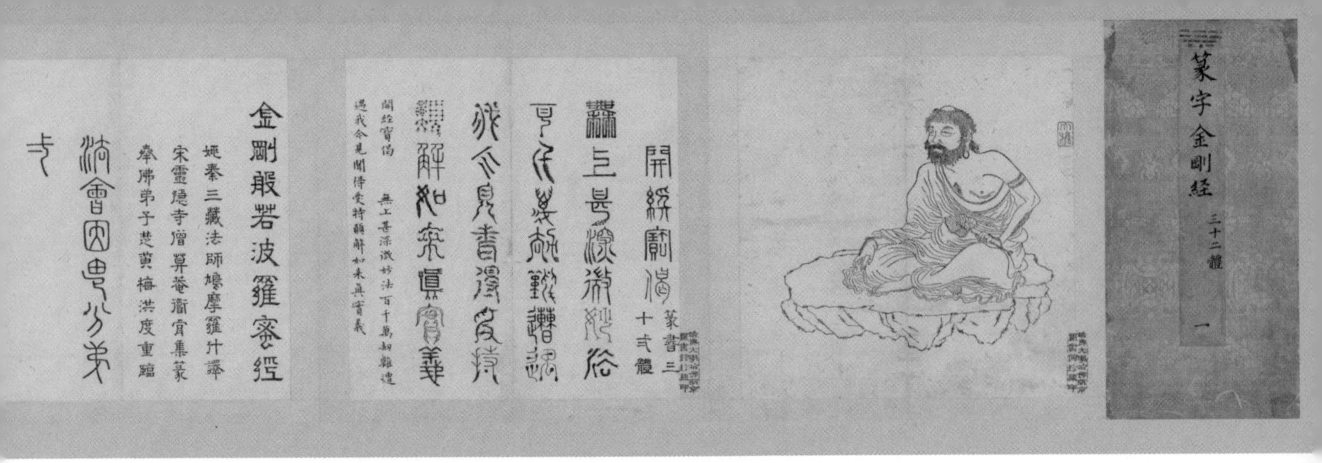

■〔宋〕道肯《金剛般若經集篆》哈佛大學燕京圖書館藏

要認識自己。要觀照自己的行為動機，要觀察自己的心安在何種狀態。他人是自己變現出來的，本源是自己。如果對自己顯現的心不瞭解，又何能知道對方的心呢？知人先知己。自己意念如明鏡，猶能照見他人心之所念。是故《金剛經》云：「所有眾生，若干種心，如來悉知。」

阿彌陀佛加持國中天人的他心智通，首先知悉三千大千世界眾生念頭的差別，諸如：善心、不善心、廣大心、狹劣心、順生死心、背生死心、聲聞心、獨覺心、菩薩心、天龍八部的心、三惡道眾生的心、處在種種厄難的眾生的恐懼心等等，對於這些無量差別的種種眾生心，極樂天人悉皆分別了知。不僅了知一世界，進而百世界、千世界、百千世界、百千億那由他世界，乃至不可說不可說佛剎微塵數世界中所有眾生的心悉皆分別了知。知其因緣成熟，便不失時機地予以度化，應以何身得度者，悉現何身而為說法。須知得他心智通有助於普度眾生。佛在講經說法前之所以要入定，就是要觀察與會大眾根機與心理狀態，然後才能夠應機而說。對聲聞根性的人便以聲聞法引導，對大乘種性的人便稱性宣說摩訶衍。貪欲心重者，教其修不淨觀；瞋恚心強者，令其修慈悲觀；乃至業障重者，敕令憶佛念佛。如是觀機逗教，應病與藥。機教相應，眾生得度。度化眾生，法不應機，等同閒言語，眾生得不到受用。

然眾生的機心猶如海底暗礁，極其複雜。吾人念念向外奔逸，很少返觀自己的內心世界。若回光返照，就該生起大慚愧心。吾等業識心中，業力妄想雜念無量無邊，且善少惡多，充斥着黑暗有毒的念頭和負面的能量。三毒煩惱令吾人身心染着不清淨，一則身體素質陋劣，四大不調，五臟六腑失去平衡，常常生病；另一方面，心理上焦躁煩亂，心猿意馬，不得安寧。身心悉皆陋劣，構成五濁中的眾生濁。

感恩阿彌陀佛，令十方諸往生者，不藉長久修持，自然報得他心智通，隨應他方眾生心念欲樂，予以相應的接引化度。又因國中天人悉具他心通，諸極樂同仁心之所念，口之欲言，預先便知心意，慈心相向，佛眼相看，蓮邦勝友，其樂融融。

五、皆得神足飛行（第九願）

請看願文：

「設我得佛，國中天人，不得神足，於一念頃，下至不能超過百千億那由他諸佛國者，不取正覺。」

此願意謂：我成佛的時候，我剎土的天人都能得到神足通，於一念頃，最低限度都能夠超過百千億億諸佛的國土。若此願不能實現，不成正覺。

這是阿彌陀佛慈悲加持極樂國天人皆得神境智通[一]，往來十方世界無有障礙。神足通一般有四種方式：

第一種是身體能飛行，如鳥無礙。這種飛行能力有自然報得的，有由禪定生起來的。

《觀經四帖疏》記載，提婆達多為名聞利養故，欲學神通。起初，他向舍利弗、大目犍連等去討教，這些大阿羅漢知道他的動機不純，拒絕教他，只是叫他修四念處。最後，提婆達多就找到他的弟弟阿難尊者，對他說：「你是我弟弟，你得教我神通。」阿難只證到初果，沒有他心通，不瞭解提婆達多的動機，於是在僻靜之處教他得神通的方法。

提婆達多就依法專注一心地用功，經過七日七夜得到了神足通。於是，便

一、神境智通：即神足通。

來到阿闍世王子的宮殿前，呈現神通身飛虛空，身上出火，身下出水，在空中行走坐臥，等等。阿闍世王子睹見，生敬重心，開始做提婆達多的護法。

第二種是「移遠令近，不往而到」。意謂可以把遙遠的地方移到近處來，無須行走就已經到目的地。此神通也包含將近處移到遠處。

第三種是「此沒彼出」，於此處消失不見，卻在其他地方出現了。唐代的萬回奉父母命，給戍邊的大哥送信及衣物，往返路有一萬里，他卻早上出發，傍晚便回到家裏向父母覆命了。

第四種是「一念能至」，也叫勢運通。對於遙遠的地方，只要舉心動念繫緣，身體就到了。二乘的行人能夠擁有前三種神足通，即身能飛行、移遠令近和此沒彼出，然第四種念頭一動、身即能至的神足通則只有圓教佛菩薩才能具備。

極樂國的天人都能夠在「一念頃」，分身散影，不前不後，同時到達無量無邊的諸佛國土。《華嚴經》表述：菩薩能聞到極遠的一切世界中諸佛的名號，所謂無數世界、無量世界乃至不可說不可說佛剎微塵數世界中諸佛之名，只要繫緣某尊佛的名號，就能見到自己的身體在這尊佛的剎土。所謂報身不動本處，即有無量無邊的意生身在一念之頃同時抵達百千億那由他的諸佛國土。就如同釋迦牟尼佛成道後三七日，為界外菩薩大士稱性宣說《華嚴經》，七處九會，釋尊在菩提樹下寂然不動，分身到忉利天、夜摩天、他化自在天等處講法。這些菩薩一得聞彼諸佛名，不動本處就能見自己的身體在彼佛所禮佛、供養、讚歎、承事、問菩薩法、入種種的佛智慧……而且，動經無量劫如此行為，無有斷絕、無有疲厭。淨土經典中談到極樂世界菩薩每天做的事情，他們常以清旦，各以衣裓盛滿眾多的雜色華到他方世界去供養諸佛。供養完畢，食頃間，又回到了極樂本土。自行化他，續佛慧命，能令佛的種性不斷絕故。

由於證到了離相法界，具有神足通的菩薩還能顯現無數的色身，令所教化的眾生見到，為所教化的眾生轉法輪，為所教化的眾生起種種神通，為所教化的

■〔日本室町時代〕周文《寒山拾得圖軸》

眾生施作種種的佛事，……如在此娑婆世界，阿彌陀佛示現為豐干禪師、永明禪師，文殊菩薩示現為寒山，普賢菩薩示現為拾得，彌勒菩薩示現為布袋和尚，觀世音菩薩示現馬郎婦（又稱提籃觀音），等等。分身十方，遊戲神通，廣度羣萌。

神足通需要甚深禪定功夫才能顯現，這對於我等亂心凡夫來說，殊不易得到。然而往生西方極樂世界，從蓮華化生出來就自然具有神足通。而且得到的還是遠超聲聞緣覺境界的大乘神足智通。於是，我等生到極樂蓮邦，若想回到娑婆世界南閻浮提，念頭一動，就可以自如地過來，欲想到他方佛國供佛聽法、觀摹，悉皆稱心如意，逍遙自在，樂不可言。

六、不起貪計身見（第十願）

請看願文：

「設我得佛，國中天人，若起想念貪計身者，不取正覺。」

這一願意謂：我成佛時，我剎土的天人離開對諸法的虛妄取着，斷除對自身的貪戀計較。若此願不兑現，就不取正覺。

這一願也稱為「得漏盡通願」。漏是煩惱，漏盡就是煩惱斷盡的意思。本願中講不起貪計身見，即破除身見我執，斷見思惑，得人我空。並斷盡法執，就得法我空。如是證得人法二空，就叫「漏盡」。

身見我執，是吾人與生俱來最大的煩惱與顛倒，非常堅固。吾人本能地認為色受想行識五蘊是真實的，有主宰義，執着有一個「我」，於是也就產生「我所」的概念。與生俱來的我執叫俱生我執。唯識學講人有八識，前六識為眼耳鼻舌身意，第七識為末那識，其特質是執着第八識的見分為我，執着前六識為我所用，於是形成了我與我所的觀念。由此身見我執就生起了一切惡見、邪見，起惑造業，生起諸多煩惱，導致深重的痛苦，身見我執可謂是煩惱之源。

佛陀在世的時候，有四比丘在樹下討論世間甚麼最苦。有說淫欲最苦，有說瞋恚最苦，有說飢渴最苦，有說驚怖最苦，四個比丘各執一端爭執不休。佛陀經過樹林時，四比丘便將所爭論的問題向佛陀稟白，請開示。佛陀告訴這四比丘，汝等所談的都不是究竟的苦義，「天下之苦莫過有身」，所有的飢渴、寒熱、瞋恚、驚怖、色欲、怨禍皆是由身體衍生出來的，所以身體才是眾苦之本。老子在《道德經》中也表達過同樣的意思：吾所以有大患者，為吾有身；及吾無身，吾有何患？說的就是人之大患就在於有身，身體是禍患的根源。世間人一輩子勞心勞力，憂畏萬端，用盡心機，無惡不造，其根源正是在於身見我執。只要有

「我」和「我所佔有」的觀念，就被繫縛在三界，生死不休。是故佛陀開示：要想離開世間的痛苦，就得要破除身見我執，才能得到寂靜妙常，涅槃為樂。

吾人見惑的第一個惑就是身見。針對此一堅固的見惑，首先得修四念處——觀身不淨、觀受是苦、觀心無常、觀法無我，從破身見我執入手。破我執，進而破除法執。《金剛經》「六如」偈：「一切有為法，如夢幻泡影，如露亦如電，應作如是觀」，就是以般若慧劍，破除人法二執，證入空性。然因眾生對身見我執以及六塵緣影的執着極為深固，是故，佛陀用了二十二年的時間來講般若系的經典。

般若智慧能夠讓我們觀照一切法的真相。

世出世間一切法，所謂色法、心法、有為法、無為法、凡夫法、聖賢法，悉皆緣生無性，畢竟空，無所有，無所得。以無所得故，得阿耨多羅三藐三菩提。知身如幻，從無明起，由業緣生，因生厭離，力破身見。《法華經・藥王菩薩本事品》記載，一切眾生喜見菩薩，以身供養日月淨明德佛，「以天寶衣，而自纏身，灌諸香油；以神通力願，而自然身，光明遍照八十億恆河沙世界。其中諸佛同時讚言：『善哉！善哉！善男子，是真精進，是名真法供養如來。若以華、香、瓔珞、燒香、末香、塗香、天繒、幡蓋及海此岸栴檀之香，如是等種種諸物供養所不能及，假使國城、妻子布施亦所不及。善男子，是名第一之施，於諸施中最尊最上，以法供養諸如來故。』」又云：「若有女人，聞是經典，如說修行，於此命終，即往安樂世界，阿彌陀佛、大菩薩眾圍繞住處，生蓮華中寶座之上。」證知，捨身供養破身見，功德甚深且巨。昔智者大師即是誦到這段經文時，寂爾入法華三昧的。

阿彌陀佛在因地已經觀察到他方世界的業力凡夫，念念俱生我執，念念貪着法的真實性，在我執和法執的怪圈中，難以出離。故以大慈悲心，稱性發此大願。他方世界的眾生只要信願稱名，往生到西方極樂世界，自然得佛智慧光明加被，除滅我執身見，於極樂國七寶萬物無我所心，無染着心，去來進止，情無所繫，隨意自在，無彼無我，無競無訟，獲得與如來一樣的金剛那羅延的身體，乃無相無不相，人法二空，逍遙自在，伏滅三毒煩惱，趣向無上佛果。全攝佛德為己用，不斷煩惱得涅槃分。此與通途佛法靠自力修行，動經三大阿僧祇劫的辛勞修習，方得人我空，自有雲泥之別。

淨業行人宜常思惟此願法義，於此穢土，雖做不到破身見我執，至少也應淡化對身體的執着。比如有人將身體健康長壽作為念佛功夫好的標誌，甚或認為，人能活到一百二十歲，就代表很有道行。所以就有些僧人執着這點，身罹病患，不是繫念佛號，矢志安養，而是到處求醫問藥。這都是身見我執的表現，吾人要加以警覺。蓮宗第十一代祖師省庵大師四十九歲就成辦淨業，預知時至，留偈，自在往生。諸信徒環繞，請他長久住世。省祖回答：「我去，即來。」可見，往生極樂淨土乃是從三界牢獄釋放，此大火聚，彼清涼池，歡喜前往，領受故鄉風月。若眷戀此臭皮囊，貪生怕死，滯留火宅，不願往生，豈不愚痴顛倒之甚？

七、受樂同於漏盡（第三十九願）

請看願文：

「設我得佛，國中天人，所受快樂，不如漏盡比丘者，不取正覺。」

這一願意謂：我成佛時，我國土中的天人所享受的快樂，如同煩惱滅盡的大比丘（阿羅漢）所受的快樂。如果這一願不能兌現，就不取正覺。

九法界眾生悉有趨樂避苦的生命本能，然何為真實快樂呢？業力凡夫追求的是感官快樂，以獲得精美之色聲香味觸為樂。然此五欲之樂會變化，因能感之心是生滅法，所感之五欲外境會變異。所謂樂極生悲，苦盡甜來。是故，吾輩凡夫享受的這種快樂並不真實，屬於外樂。

從修道的層面來說，有四禪八定的內在快樂。這種禪定狀態樂受超勝於感官快樂，其品質和持續時間更為高妙長久。然此快樂亦屬心意識範疇，不能恆久，縱然安享非想非非想定樂，八萬大劫後還是會墜入輪迴，並不究竟。

另有一種是法樂——法性之樂，這是從自性清淨心所生起的樂。阿彌陀佛稱性肇立此願，即是惠予國中天人真實的快樂，這種快樂超勝於世俗的外樂與禪

■〔南宋〕周季常《五百羅漢圖》美國波士頓美術館藏

定的內樂，乃是法性之樂，比喻為如同漏盡比丘所受的快樂，即是見思煩惱斷盡之阿羅漢的快樂。

「漏」是指煩惱。此漏有多義，茲舉六義：一者，漏有留住義，令眾生滯留在三界。我等眾生由於有無明煩惱，就會從六根門頭漏泄過患，造諸惡業於此三界輪轉不休。二者，漏有淹貯義，令更多的業力種子被儲存。每天妄想紛飛，都是給阿賴耶識儲存業力的種子。三者，漏有流派義，六根門頭就會流出煩惱。六根追逐六塵，眼根希望看美好的顏色，耳根喜歡聽美妙的聲音，……由此就會流派煩惱。四者，漏還有禁錮義，眾生被煩惱禁錮在輪迴中。五者，漏有魅惑義，煩惱能夠變換種種形態，魅惑身口意去造業。六者，醉亂義，煩惱能讓人像喝醉了酒一樣，無慚無愧，顛倒放逸，以惡為能，不知羞恥。可見，漏即是我等眾生痛苦的根源，輪迴的根本。由於有煩惱在，吾人一輩子不得快樂，鎮日[二]憂愁逼惱，偶爾有點歡樂微笑，很快又消逝，烏雲密布，可謂苦海無邊。

我等眾生自性本具快樂（即涅槃四德之樂德），然被煩惑所覆蓋。阿彌陀佛從本源上解決，令往生者斷除煩惱，一切流注、貪愛、五蓋、纏縛全都斷盡，心得好解脫——斷愛染；慧得好解脫——斷見惑。經云：「自然德風，徐起微

二、鎮日：從早到晚；整天。

動，……風觸其身，皆得快樂。譬如比丘，得滅盡三昧。」阿彌陀佛願力流現的「德風」，有着甚深般若的內涵，能令往生者以無所得為方便，無取無捨，無住無着，曠蕩念道（畢竟空），無他之念，無有憂思，自然無為，虛無空立，淡安無欲。入空無相無作三昧，又能作得善願，盡心求索，不住無為，不盡有為，長與道德合明，恆與真如相應，清淨定安靜，樂之無有極，善好無有比。

《無量壽經》描述的淨土天人聖眾所安享的法性之樂，乃是九法界眾生最勝、最尊、最妙之快樂。亦是內在法性涅槃之樂的彰顯。阿彌陀佛以大慈願力加持，令國中天人未證涅槃而得涅槃樂，亦是將佛地果德無條件的恩賜。我等苦惱眾生，亟須領受這份恩典，往生淨土，安享這份真實的快樂。何幸如之！

第四章　莊嚴法身利有情

■第十七願 諸佛稱名讚歎願

法藏菩薩發菩提大願，不為自己求安樂，但為眾生得離苦，願願攝化眾生，心心莊嚴妙土，充分體現出無我的大菩提心。然四十八願中，亦有三願是為莊嚴自己的功德而發的。屬攝法身願。此乃是為更有效地廣度眾生施設的方便，實則亦是為度生而肇立。此章有三願法義展開：一、光明遍照十方；二、壽命同佛永久願；三、諸佛稱名讚歎。茲分述如下。

一、光明遍照十方（第十二願）

請看願文：

「設我得佛，光明有限量，下至不照百千億那由他諸佛國者，不取正覺。」

這一願意謂：我成佛時，光明不可限量，遍照十方無量無邊的剎土，最低限度也能照百千億那由他諸佛國的範圍。如果這一願不兑現，就不成佛。

阿彌陀佛莊嚴法身其核心功德即無量光與無量壽。阿彌陀佛因地考察他方世界的時候，見到他方剎土依報有晝夜，有明暗交替，正報眾生內心更是無明暗冥，於是便發願自己成佛所住持的剎土無論是依報器界，還是天人聖眾的身心，悉皆內外明徹。亦令自己的光明無量，遍照十方無數剎土，只要有眾生的地方，就有我光明的注照。以光明攝受救度眾生。

阿彌陀佛的光明，是徹證心性之寂體自然顯現的照用，廣大而神妙，充滿整個法界。光明是願力的載體，只要有眾生的地方，光明就會過去。彌陀光明功德能夠令九法界眾生身心柔軟，生起對淨土法門的信心。即便是三惡道的眾生接觸到這束光，苦刑也會終止。阿彌陀佛的光明亦是般若智慧之光，有着十二光如來之妙用。其無礙光便能穿透一切障礙，牆壁、高山、鐵圍山不可阻擋，眾生的業障也不可障礙。《地藏經》中講眾生的業障之深「能敵須彌，能深巨海，能障聖道」，然阿彌陀佛的大悲威神光明卻如大冶洪爐，可消融眾生一切業障的片雪，起到了拯救眾生的妙用。

眾生往生淨土，全憑阿彌陀佛光明攝受，那如何才能與彌陀光明對接呢？《觀經》云：「無量壽佛有八萬四千相，一一相中，各有八萬四千隨形好；一一好中，復有八萬四千光明；一一光明，遍照十方世界念佛眾生，攝取不捨。」經文昭示：只要信願念佛，阿彌陀佛的光明就會對念佛人「攝取不捨」，以強大的慈悲力，攝受念佛人往生極樂，不讓其再流轉於三界。

阿彌陀佛的光明就像巨大的磁場，向十方無量世界輻射磁力波，他方世界眾生稱念阿彌陀佛名號，就能與阿彌陀佛光明願力相應，產生同構共振效應，就像磁鐵吸攝鐵針一樣。阿彌陀佛光明「磁場」自然能夠對十方念佛眾生攝取不捨，亦悲心攝取三惡道眾生，誠如《壽經》（吳譯本）願文所示：「使某作佛時，令我頂中光明絕好，勝於日月之明百千億萬倍，絕勝諸佛光明。焰照諸無央數天下幽冥之處，皆當大明。諸天人民、蜎飛蠕動之類，見我光明，莫不慈心作善者，皆令來生我國。得是願，乃作佛；不得是願，終不作佛。」

當念佛人接觸到彌陀光明，自然身心柔軟，消除業障，開發智慧，香光莊嚴。為甚麼天人會恭敬念佛人？因為當人念佛時，身心便會放光（肉眼或看不到，天人鬼神能見到），念佛人的心光與阿彌陀佛的光明光光互攝，便有四十里光明燭身。念佛人每日沐浴在佛光中，自然會感得天人鬼神恭敬禮拜，更何況還有二十五位菩薩隱形保護。

阿彌陀佛的光明慈悲之極，遍一切處，無時不在。或有人詰問：既然阿彌陀佛光明無時無處不在，我怎麼沒有感覺到呢？答：咎在自己，非佛光不照。如陽光普照，盲人卻看不到；或在頭上頂一個木盆，那也看不到陽光。盲人和頂木盆比喻懷疑之心。接觸不到佛光的原因是懷疑，因懷疑才不肯老實念佛。如是，佛光雖然存在，卻無法作用於懷疑者。

可見，懷疑才能成為阻隔阿彌陀佛攝受的障礙，蓮宗大德常云，「唯有狐疑是棄才」。阿彌陀佛以光明作佛事，以光明妙德拯救我等眾生，而光明妙德就凝聚在名號裏面，光明和名號的同源性運作，成辦度生佛事。是故，我等淨業行人持念佛號時，阿彌陀佛的光明妙德就被召喚出來。吾人得到名號光明的加持，就能遠離一切魔障，在淨業修行路上一帆風順，安然直抵極樂彼岸。誠如百丈懷海禪師所云：「修行以念佛為穩當。」

二、壽命同佛永久（第十三願）

請看願文：

「設我得佛，壽命有限量，下至百千億那由他劫者，不取正覺。」

這一願意謂：我成佛時，壽命無有限量，最低限度也能夠有百千億那由他劫長的壽命。若此願不能兌現，不取正覺。

阿彌陀佛因地考察他方世界，見到有些國土有佛示現，由於壽命不長，很快滅度，眾生無有依怙，不得解脫。佛法經歷正法、像法和末法時期，最終佛法在此世間消失。眾生便長夜漫漫，沒有了佛法的慧炬，無法離開輪迴，苦不堪言。所以法藏菩薩就發願，自己成佛時，住世壽命無量，廣度眾生。《壽經》漢譯本的願文表達：令八方上下、無央數佛國，諸天人民、蜎飛蠕動之類，皆令得人道，悉作辟支佛、阿羅漢，皆坐禪一心，共欲計算阿彌陀佛壽命幾千億萬劫歲

■〔明〕丁雲鵬《益壽尊者像》

數，無能算知。

阿彌陀佛有着如是無有限量的壽命，這就令十方眾生安心了，假設阿彌陀佛壽命有限量，他方念佛眾生難免忐忑不安：自己好不容易往生到安養國了，而阿彌陀佛或已經滅度了，那可不是功夫唐捐嗎？然這一願昭示：阿彌陀佛的壽命無有限量，我等眾生無論何時往生，阿彌陀佛都會於臨命終時，與諸聖眾慈悲接引。並於極樂世界七寶講堂，講經說法。我等信解此願，便義無反顧，安然前往彼土了。

對於佛而言，假如所有的功德都具足，剎土的一切也極為莊嚴富麗，接引眾生也甚為殷切周密，然若壽命不長，那也是一個巨大的缺陷。好比一個脫落杯底的玉杯，質地再好也是無法盛水的。在世間法當中，長壽更是福報的第一要素，《尚書·洪範篇》「五福」中，長壽排第一。給人祝壽會說壽比南山，而短壽尤其夭折，卻為人們所厭惡。在善道中長壽固是大福報，然在地獄裏長壽卻就是負面價值了。

■〔清〕蓮宗九祖蕅益大師

阿彌陀佛的名號就建立在無量光和無量壽這兩願當中。無量光代表橫遍十方的照用，無量壽代表豎窮三際的寂定。橫遍十方、豎窮三際就是法界的體性，就是一切眾生的心性，所以阿彌陀佛名號是依一切眾生本具的橫遍豎窮的無量光壽的性德而建立的。

蕅益大師曾開示眾生心性與名號的關聯性：「離卻現前一念無量光壽之心，何處有阿彌陀佛名號？而離卻阿彌陀佛名號，何由徹證現前一念無量光壽之心？」由此同體關聯性，就自然彰顯出念佛的妙用——「託彼名號，顯我自性」。

假託阿彌陀佛名號的果德來顯發眾生本具的無量光壽的心性，因心果覺，相得益彰，構成蓮宗一大特質。

由於名號內具有無量壽與無量光，是故，依託無量壽的寂定就能修止，依託無量光的功能就能修觀。吾人只要以佛號為所緣之境，一心持念即為止觀並運；有止就有定，有觀就有慧，就是定慧等持；有定就有寂，有慧就有照，就是寂照不二；寂為無量壽，照為無量光，光壽一如，全體是一真法界的體性。舉法界全體作極樂世界的依報莊嚴，作極樂世界的正報莊嚴，乃至作「南無阿彌陀佛」六字洪名，用以普度九法界眾生、安立極樂淨土，速成佛果。阿彌陀佛成就光壽無量二願，度盡眾生之能事畢矣。佛恩浩大，何其仰答，唯有老實持名，往生淨域，庶幾報答佛恩於百千萬億分之一。

三、諸佛稱名讚歎（第十七願）

請看願文：

「設我得佛，十方世界無量諸佛，不悉咨嗟稱我名者，不取正覺。」

這一願意謂：我成佛時，十方無數佛國中，無量諸佛於自剎土，各於座下弟子眾中，稱揚讚歎我名號功德，以及我剎土的莊嚴。若此願不兑現，不取正覺。（咨嗟，是歎美深切的意思。）

阿彌陀佛因地考察他方無數佛國，看到有些剎土也有佛示現八相成道，但由於佛的名稱傳播，區域不廣，致使所度眾生數量有限。於是便稱性發願，設我成佛時，要令自己的名號傳布法界無量剎土，讓所有眾生悉能聽聞。為實現這一目的，便發願令十方一切諸佛在自剎土，悉皆稱揚讚歎我名號功德，介紹極樂世界依正莊嚴，令一切眾生踴躍歡喜，來生我的剎土。

或有人詰難：阿彌陀佛是不是有求名之心呢？而求名是五欲之一，難道阿彌陀佛還有虛榮心？答：凡夫眾生悉有虛榮心，求名欲，甚至求名到喪心病狂程度，不能留芳千古，也得遺臭萬年。各名勝古跡處，常見眾人鐫刻「某某到此一遊」，即折射出凡夫求名心。而阿彌陀佛早已經證得無我的空慧，內心清淨，佛欲擴大知名度完全是為廣度眾生而施設的善巧方便。

阿彌陀佛欲令自己名號廣揚十方的措施甚為巧妙。設定十方諸佛來稱揚讚歎他的名號功德。茲因為十方諸佛都具有無我的智慧，且深知阿彌陀佛名號及淨土能真實利益九法界眾生，又因阿彌陀佛已然成就的願力所致，悉皆伸出廣長舌相，遍覆三千大千世界，各自在自己的剎土稱揚讚歎阿彌陀佛名號不可思議的功德。可見，每尊佛在所住持的剎土中稱揚讚歎的不是自己的剎土和名號，而是稱歎阿彌陀佛的淨土和名號，這樣就使得阿彌陀佛在整個法界中的知名度最高，令法界所有眾生深結淨土法緣。

是故，這一願不僅不是虛榮心的表現，而恰恰是大悲心的結晶，阿彌陀佛以名號實施平等普度一切眾生的大願，在因地時便預先施設好的。偈云：「我若成正覺，立名無量壽，眾生聞此號，俱來我剎中。」（《無量壽經》宋譯本）意謂：我若成佛，要建立無量壽佛的名號，十方眾生只要聞信我名號功德，都能往生到我的剎土。阿彌陀佛因地如是發願，果上已然成就，於是十方諸佛都在自己的剎土向諸弟子讚云：「其佛本願力，聞名欲往生，皆悉到彼國，自致不退轉。」意謂阿彌陀佛因地發四十八大願，果上願力成就，此願遍十方一切處，只要聞信阿彌陀佛的名號，願意往生彼土，萬修萬人去。一到極樂淨土，法爾自然地成為阿鞞跋致菩薩，證不退轉位。

這一願也昭示：淨土法門大不可思議，唯佛與佛才可以傳揚流通。等覺菩薩以還尚不能完全相信和理解這個法門，當然也就無法廣為傳揚名號功德。細味此願，十方諸佛「咨嗟稱我名」含攝三義：一者，十方諸佛稱揚彼阿彌陀如來的德號；二者，十方諸佛稱揚讚歎信願念佛者；三者，十方諸佛自己稱念彼阿彌陀佛名號，如經言三世諸佛依念彌陀三昧成等正覺故。蕅益大師《彌陀要解》

云：「故一聲阿彌陀佛，即釋迦本師於五濁惡世，所得之阿耨多羅三藐三菩提法。今以此果覺，全體授與濁惡眾生，乃諸佛所行境界。」證知，本師釋迦牟尼佛在菩提樹下，是由稱念萬德洪名，證入彌陀三昧，得成佛果的。吾人得聞此成佛之妙法，一則感恩阿彌陀佛的此願功德，二則感恩釋迦牟尼佛入此娑婆穢土為我等濁惡世眾生慈悲宣說。兩土世尊的恩德，雖粉身碎骨亦難報答，唯老實持名，成辦往生淨業而已哉。

第五章 依報妙嚴 道場第一

■〔南宋〕佚名《阿彌陀淨土圖》

阿彌陀佛因地作法藏比丘時，即詣世自在王如來所，稽首佛足，長跪合掌，以偈頌讚歎佛的相好光明，內在神德，並首次發出莊嚴淨土的總願。偈云：「令我作佛，國土第一，其眾奇妙，道場超絕，國如泥洹，而無等雙。」意謂敬祈佛力垂慈加被，令我速成無上正覺，建立諸相莊嚴最為第一的剎土，其中所有的樓台宮殿、寶池德水、寶樹寶網等，悉皆由無量珍寶妙香合成，奇特微妙。此剎土亦是超勝無倫之道場，令諸往生者皆得甚深法忍，速疾成就佛果。全體的依報莊嚴彰顯出大涅槃之常樂我淨四德，令十方一切往生者快樂安穩，於十方無數剎土中，乃獨一無二的清淨莊嚴的剎土。法藏比丘這個莊嚴最勝淨土、令諸眾生得安樂的總意向，具體地體現在五劫思惟所形成的四十八願中。本章即由五願法義展開：一、萬物悉皆殊特；二、菩薩道樹普見；三、淨國照見十方；四、嚴飾超諸天人；五、隨意見諸佛國。茲分述如下。

一、萬物悉皆殊特（第二十七願）

請看願文：

「設我得佛，國中天人，一切萬物，嚴淨光麗，形色殊特，窮微極妙，無能稱量。其諸眾生，乃至逮得天眼，有能明了辯其名數者，不取正覺。」

這一願意謂：我成佛時，我所住持的佛國，無論是正報的天人，還是依報的一切萬物，悉皆莊嚴、清淨、光明和美麗，其形狀與顏色極為殊勝奇特，實相之相，窮微極妙，無能以言語稱讚，亦無法以心思測量。極樂本土諸眾生，即使得到天眼通，都無法明了、辨別極樂世界種種莊嚴的名目之數量。若這一願不兑現，不取正覺。

阿彌陀佛因地考察他方世界的正報與依報，種種的殘缺、不美滿，乃是眾生業力所感，業識心有着無明煩惱，故由心識生起的剎土，悉不美滿。阿彌陀佛要莊嚴清淨剎土，首先在緣起上就得要有本質性的轉換。天親菩薩將極樂淨土的緣起概述為：「正道大慈悲，出世善根生。」（《往生論》）正道即是無上正真之道，亦即實相、一真法界。由實相生起無緣大慈、同體大悲。大慈悲屬於出世的善根，可見極樂世界的緣起就是法界的緣起，亦是大慈悲願心的緣起。極樂世界的一一莊嚴當體就是一真法界，其清淨總相為：「觀彼世界相，勝過三界道。」（《往生論》）意謂西方極樂世界的清淨總相，超勝三界之無常污穢敗壞之相。大涅槃常樂我淨的彰顯，無衰無變，清淨本然。

天親菩薩將極樂世界依正概括為三類二十九種莊嚴，其中十二種為正報莊嚴，含攝阿彌陀佛莊嚴功德八種與菩薩莊嚴功德四種；依報莊嚴則有十七種。國中天人的身色是真金色，菩薩的體質是金剛那羅延身，諸往生者悉具有如佛那樣六種神通、種種辯才。極樂世界依正萬物的無盡莊嚴，悉是阿彌陀佛的願心所現，無量功德所成就。

極樂世界的依報莊嚴，一切萬物，總指色聲香味觸之妙境，形狀為長短方圓大小，顏色為青黃赤白紫等範圍，包括地面、地下與虛空全方位莊嚴，種種建築及景物的構件，悉由無量珍寶合成，一一稱性而起。以地面莊嚴為例，極樂世界悉是七寶為地。七寶的組合搭配均衡奇妙：當以黃金為道時，便以白銀作為地，形成對比效應；當以琉璃為道時，便以瑪瑙為地；或諸多珍寶，作不同的排列組合。地面上鋪滿種種樹華與天華，色彩絢麗，自然形成美好的圖案。地平如掌，上有七重行樹，乃至無數重的寶樹，行行相值，莖莖相望，華華相順，實實相當，甚具協調美感。每一棵樹亦是全體法界，有寶網，寶網有宮殿，宮殿中有天童，天童佩帶種種瓔珞，瓔珞放種種光，顯現無盡的莊嚴。

地面上又有無數宮殿樓閣講堂，悉由七寶乃至無量珍寶合成。顯各種光色，相互滲透，相互輝映，極為富麗輝煌。虛空中飛翔着百鳥——孔雀、鸚鵡、迦陵頻伽、共命之鳥，鳥的顏色鮮豔美麗，亦構成了種種絢爛動態景觀。

極樂世界的音聲哀雅動聽，有風吹鈴鐸、寶網的聲音，有寶池中水與水相擊的聲音，有百鳥偕鳴聲，有他方菩薩天人伎樂讚佛的妙音，乃至於有虛空中諸多樂器不鼓自鳴的聲音。此百千萬種音聲，如同盛大的交響樂，海潮音，都給人極高的審美愉悅。然欲不聞，便寂爾無聲。

極樂世界彌漫洋溢着種種香味，有種種七寶香爐供三寶的香，有種種珍寶放出的寶香，有他方菩薩天人供佛的香。這些寶香不僅彌漫在極樂本土，亦普熏十方無數世界。令他方聞香眾生，生起念佛、念法、念僧之善心，啟發淨土的善根。

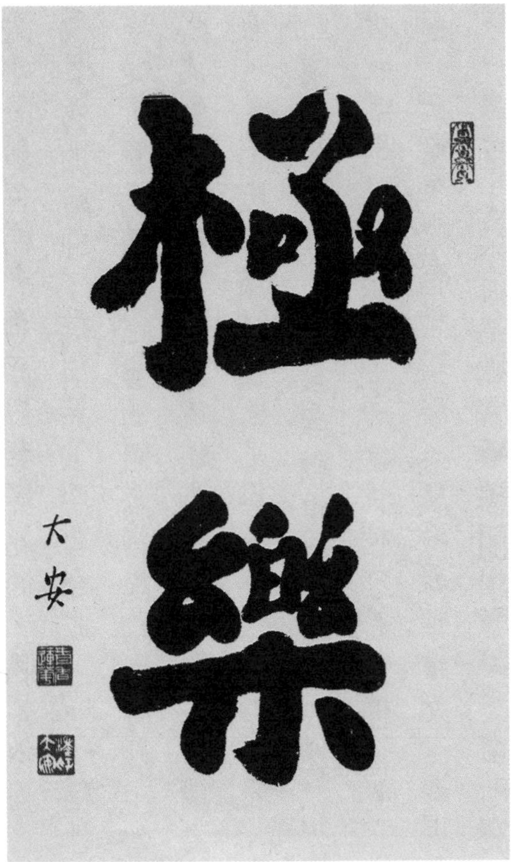

■大安法師墨寶

極樂世界飲食美味也無與倫比。八功德水甘甜，不但能夠解除飢渴，而且還能夠破無明、開智慧。品嘗菩提樹上的果子，便可得甚深法忍。念頭一動，七寶缽器自然現前，百味飲食自然盈滿，見色聞香，意以為食，自然飽足，身心柔軟，無所味着。

在極樂世界，身體所接觸的珍寶悉皆柔軟，如迦旃鄰陀。十方世界有最精美的珍寶，悉萃集於極樂世界，且純潔度至高。珍寶柔軟得如絲綢一樣，故可以形成七寶衣服莊嚴身體。珍寶甚至還能呈現液態，七寶池中的八功德水就是七寶所成。

可見，極樂世界的五塵之境奇妙宜人。由於七寶體性清淨，自然顯出光明，光和色交互輝映，華麗絢爛，顯現極高的審美價值——亦是法界美感之極。

極樂世界景物的形態大多是圓形，亦隨機轉換成各種形態，例如地下擎地的經幢是八楞八角，亦是準圓形。窮微極妙，是一切天人精工製作無以比擬的。以《觀經》中所述的蓮華座為例：蓮華有八萬四千葉，一一華葉都由幾百種珍寶合成，放出幾百種光，顯現幾百種顏色。每片華葉有八萬四千脈，猶如天畫，每一脈又能放出八萬四千種光，並且光色相應，黃金就放出金黃色的光，白銀就放出銀白色的光，……這麼多的光和色從每個經脈中放出來，在國中天人眼中了了分明，一一辨識得非常清楚。蓮華葉很寬廣，最小的也有一萬里（即二百五十由旬）。蓮華的一一華葉間又裝飾了百億摩尼珠王，一一摩尼珠又能放出數千種光明。這光明又彌散照耀上下四邊，光焰升到上空即自然形成華蓋。華蓋是七寶合成，顯現七寶的光色，這樣的華蓋遍覆極樂世界地面上。蓮華內有蓮華台，材質是釋迦毗楞伽寶的，又有金剛甄叔迦寶、摩尼寶來裝飾，蓮華台上還有妙真珠網來莊嚴。蓮台上，聳立有四根寶柱的寶幢，一一寶幢如百千萬億須彌山那麼高。寶幢上的寶幔狀似夜摩天宮，並且有五百億微妙寶珠綴在這個寶幔上，一一寶珠放八萬四千種光，一一光作八萬四千種不同的金色。極樂世界的一塵、一香、一華、一水、一物全體都是法界——一法具足一切法，因此一束光也就是整個法界。由這個法界一束光能變出八萬四千種不同的金色，也就是說，僅就黃金色而言，都有八萬四千種金色。這一一的光色就遍在了極樂世界的七寶地面上，並且在不同的區域作種種不同的變化，顯出種種不同的形狀，或者顯現為金剛台，或者顯現為虛空中的真珠網，或者顯現為虛空中各種奇妙的華雲。這種種奇特的景物就在十方面隨心念來變現，施作佛事，為國中天人修道作增上緣。

由此可見，一個蓮華座所展開的窮微極妙的境界不可思議，而依正二報無盡莊嚴，更是無法稱歎也無法測量。此一一莊嚴悉由阿彌陀佛願心所流現，阿彌陀佛的願心即妙真如心，乃由妙真如心窮微極妙故，所顯現的景物自然也是窮微極妙。全體事事無礙法界，主伴圓融，一多相即，重重無盡，無能稱量。

此極樂世界依正無盡莊嚴，實則我等眾生自性本具，只因被無明煩惱所遮蔽。阿彌陀佛將無盡莊嚴之「廣」，收攝到六字洪名之「略」中，以萬德洪名之境投入到眾生心內，令眾生由執持名號引發帶起眾生自性的本質境。本質境與影像境互熏互動，全佛即生，全他即自。故曰：「成就如是功德莊嚴。」我等淨業行人，唯信願稱名，蒙佛垂接，往生彼國，現量置身於極樂世界無盡莊嚴中，才能體證慧能祖師「何期自性能生萬法」「何期自性本自具足」之悟境，真實不虛。

二、菩薩道樹普見（第二十八願）

請看願文：

「設我得佛，國中菩薩，乃至少功德者，不能知見其道場樹無量光色高四百萬里者，不取正覺。」

■〔清〕溥儒《秋荷宿沙雁》

這一願意謂：我成佛時，國中菩薩（三賢十地等覺），乃至功德淺少的菩薩（未得法忍的信位菩薩），悉能知見我成道的道場樹，其樹高有四百萬里，有無量光明與無量顏色。若此願不兑現，不取正覺。

阿彌陀佛因地考察他方世界剎土時發現，有佛示現八相成道，雖也都有成道的菩提樹，然形量不大，見者得益甚微，且盛衰不一，興替頻變。是故發願：我成佛時，國中天人聖眾，雖宿世福德智慧陋劣者，我以願力加持，令其平等見知佛道場樹，見色聞香，悉令得三種法忍之勝益。

佛於樹下成道，其樹總稱道場樹。然每尊佛成佛的菩提樹名稱各有不同，比如毗婆尸佛成佛的菩提樹叫波波羅樹，尸棄佛成佛的菩提樹叫分陀利樹，釋迦牟尼佛成佛的菩提樹就叫畢缽羅樹。此菩提樹的樹幹黃白相間，枝葉青翠，冬夏都不凋萎，光明鮮潤無有變化。但是在每年二月十五的佛涅槃之日，這棵樹的樹葉就會凋零、脫落，然後很快又恢復如初。在那一天，諸國的君王常常會帶着大臣、信眾去那裏作種種供養、禮拜，用香水、香乳來灌溉這棵樹，並以音樂、香華、燈炬連續幾天供養這棵樹。昔日佛在世的時候，這棵樹高達數百尺，但是隨着歲月的流逝，這棵菩提樹經過了好幾次摧殘，可謂歷盡滄桑。

阿育王剛登基的時候信受外道，毀壞佛的遺跡，派了很多兵來砍伐這棵樹，甚至把這棵樹的根莖枝葉一寸一寸截斷，然後還燒這棵樹來祭天。但神奇的是，煙焰還沒有滅的時候，在猛火中忽然又生起了兩棵樹，而且枝葉繁茂含翠，因而稱之為灰菩提樹。見到這樣奇異的情形，阿育王開始悔過，於是他就用香乳來灌溉這棵菩提樹的餘根。到了第二天，這棵樹就生長如初了。但阿育王有個信外道的王妃，她悄悄派人又去砍伐了這棵樹。阿育王很悲慨，至誠祈請，再用香乳灌溉，不久這棵樹就又生長起來了。這棵樹第二次遭遇劫難是在七世紀初，當時是信受外道的惡王設賞迦王砍伐了這棵菩提樹。數月之後，一位信佛的滿胄王——據說是阿育王某一世的孫子，用數千頭牛的乳來灌溉這棵樹，菩提樹就又活了過來。到了十二世紀，回教徒入侵印度，這棵菩提樹遭到了徹底的摧殘。

現存的這棵菩提樹是移植的。當年，阿育王的女兒僧伽蜜多曾經把這棵菩提樹的樹枝帶到了斯里蘭卡的大眉伽林，菩提本樹在印度菩提迦耶被毀掉之後，後人就再把斯里蘭卡的菩提樹樹芽移植了過來。現在菩提迦耶的這棵菩提樹是這樣長成的，迄今有八九百年的歷史。雖然這已不是佛陀當年成道時的菩提樹，但因是那棵本樹的分枝移植過來的，也可視為原菩提樹。現在世界各國的四眾弟子到菩提迦耶朝聖者絡繹不絕，信眾以這棵菩提樹為中心，或經行、或誦經、或頂禮、或禪坐、或供養菩提樹。由於大家都有至誠恭敬心，加之聖地道場的加持力，置身於中，頗有不忍去之感。菩提迦耶的氛圍吉祥和藹。有機緣，大家可以去朝拜。

釋迦牟尼佛的菩提樹神聖且神奇，阿彌陀佛所成就的道場樹，尤為不可思議。據釋尊於《壽經》說，此道場樹高有四百萬里，樹根隆起有二十萬里（五千由旬），枝葉四布亦有二十萬里。此道場樹由無量珍寶合成，百千萬色，種種異變，無量光明，照曜無極，樹上覆蓋有寶網，微風徐動，吹諸寶樹，演出無量妙法音聲。國中天人眼根睹見其樹顏色，耳聞其樹發出的法音，鼻嗅其樹的香氣，口嘗其樹果子的味道，身體觸到其樹所放之光，意念思惟此樹的功德，皆能得三種法忍——一者音響忍（解一切響，本悉空寂），二者柔順忍（心柔智順於真如法性），三者無生法忍（慧心安住不生不滅之法性）。修行功德薄少的國中天人，按自業力，是見不到報身佛成道的菩提樹的。然阿彌陀佛願力加被令其見到，並令其悉得三種法忍。阿彌陀佛威神願力，以道場樹大作佛事，於十方往生者的恩德至深且巨。吾人當銘記佛恩浩大，念佛報恩。

三、淨國照見十方（第三十一願）

請看願文：

「設我得佛，國土清淨，皆悉照見十方一切無量無數不可思議諸佛世界，猶

如明鏡，睹其面像。若不爾者，不取正覺。」

這一願意謂：我成佛時，我所住持的國土清淨無倫，在國土的任一界面悉能夠照見十方一切無量無數、不可思議的諸佛世界，猶如手持明鏡，睹見自己面容。若此願不兑現，不取正覺。

阿彌陀佛因地觀察他方世界，由眾生障深福薄故，地面是丘陵坑坎、荊棘沙礫，房舍為磚木乃至現代用水泥等化工材料，暗冥而有毒。眾生心三毒煩惱熾盛故，感得依報器界越來越粗劣污穢。是故，阿彌陀佛稱性發願：願我國土地平如掌，清淨如明鏡，皆悉影照他方世界的依正景物，十方無數無邊世界，皆能照現。以極樂國土喻明鏡，以十方世界喻面像，鏡納十方，徹鑑無遺。

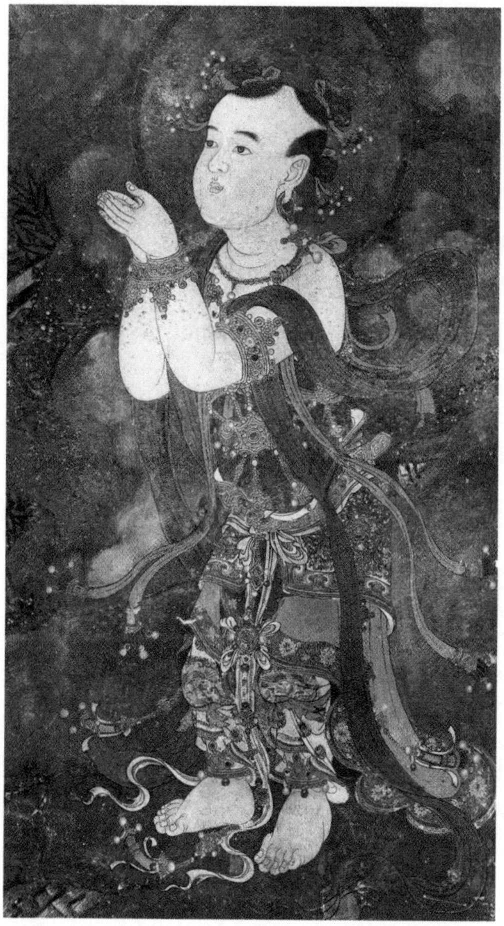

■〔明〕《善財童子》北京法海寺壁畫

《華嚴經》中，善財童子參彌勒菩薩，來到毘盧遮那莊嚴藏樓閣。彌勒菩薩彈指出聲，樓閣門應聲而開。呈現在善財童子面前的乃是整個法界的恢宏場景，有阿僧祇的寶樹、阿僧祇的寶網、阿僧祇的宮殿、阿僧祇的樓閣……一切都是無限量。且於一處就能見一切處，在一一面上，樓閣牆面上，寶柱上都能見到彌勒菩薩無量劫以來修因、行菩薩道的歷程，以及彌勒菩薩於他方世界剎土示現八相成佛，講經說法的情景。不僅能目睹景物，而且還能耳聞音聲。彌勒菩薩的大樓閣清淨無垢，能見到過去、現在、未來他方世界所有的景物，其境界即是菩提覺性的境界，令善財童子入三世一切境界不忘念智莊嚴藏解脫門，證入等覺菩薩的位次。

大自在梵天水精光殿，在這梵宮殿中悉見三千大千世界所有景物，諸如天宮殿、龍宮殿、阿修羅宮殿、人間的宮殿房舍，乃至山川樹木、眾生的好醜清濁等，悉皆呈現面前，如觀掌珠。

菩薩及大梵王尚且有遙見他方景物如觀掌珠的神德，極樂淨土由阿彌陀佛至極清淨心所流現的淨妙境界更為神妙。在極樂世界任一眾寶合成的地面上，宮殿諸樓閣上，寶樹間，珍寶牆面上，悉如清淨明鏡，照見十方無數國土淨穢諸相，眾生種種善惡業緣果報，令國中天人睹見此事，見賢思齊，見惡內省警誡。

可見這一願對止惡揚善的修行有增上緣的價值，亦能增上上求下化的菩提心。看到三惡道中遭受劇苦的眾生，生起救度的悲心；看到十方諸佛菩薩為度眾生，六度萬行，示現種種身份，安樂利益一切眾生的佛事，油然而興作佛度眾生的菩提心。可見阿彌陀佛任何一願的施設，悉皆用意之深遠，利益之巨大，度化眾生，無微不至。

四、嚴飾超諸天人（第三十二願）

請看願文：

「設我得佛，自地以上至於虛空，宮殿、樓觀、池流、華樹，國土所有一切萬物，皆以無量雜寶、百千種香而共合成，嚴飾奇妙超諸天人，其香普熏十方世界，菩薩聞者皆修佛行。若不如是，不取正覺。」

這一願意謂：我成佛時，我所住持的剎土，從地面以上，至於虛空，悉有無量的宮殿、樓閣台觀，寶池德水，以及各色蓮華，行行相值的寶樹，國土中所有一切萬物，都由無量的雜寶來莊嚴，一一珍寶又由百千種香合成。如是眾寶嚴飾，寶香奇特微妙，超勝諸天人的珍寶香。國中萬物珍寶散發的妙香，普熏到十方無量世界，國中菩薩以及他方世界的菩薩，聞其妙香，自然修行香光佛道之行。若此願不兌現，不取正覺。

阿彌陀佛因地考察他方世界時，有的佛國依報萬物，未盡美妙。如此娑婆界，金銀等珍寶，雖有光明，卻無栴檀之香；沉香、麝香雖香氣濃郁，卻無珠玉之光。是故發此願：國中所有萬物，以眾寶合成，寶中散發妙香，色香超勝，普熏本國與他方，施作佛事。

■〔宋〕李公麟《維摩居士像》

《維摩詰經》記載，眾香國香積如來即用香作佛事。敕令座下菩薩各各坐在香樹下，聞香味就能得到「一切德藏三昧」，以此三昧總持，攝一切菩薩三昧。維摩詰大士從香積國請了一缽飯，由香積如來無盡福藏故，能令與會大眾悉得飽足，且香飯之力維持七天。食香飯者，毛孔中散發香氣。七天中，令食者得到法益，飯才會消化。若未得初果者，令得初果，香飯才消化；若初果聖人食者，令得二果，香飯才消化；若修大乘未發菩提心者，食後令發了菩提心，香飯才消化。以香塵作佛事，堪稱奇特。

《華嚴經》中，善財童子所參的第二十一位善知識是青蓮華長者，又稱鬻香長者，是香道專家，能夠知道一切香料，知道種種香的產地和特點，能調和種種香料。又善了知治諸病香，令於有為生厭離香、聞法歡喜香、發心念佛香、證解法門香、一切菩薩差別香、一切菩薩地位香等。

鬻香長者寄位在十迴向的初迴向位，名救護一切眾生，離眾生相迴向。何故以香表第一種迴向呢？由香丸小，但燒一丸，香味卻彌漫得甚廣，以此表法，菩薩修行功德一經迴向，即彌綸盡虛空遍法界，功德獲百千萬億倍的增上。若不迴向，功德就很少。故以香來表達迴向功德的奇妙。

阿彌陀佛神力本願所現的妙香，內具佛的五分法身之香，於極樂本土及他方無量世界大作佛事，令聞香者伏滅煩惱習氣，開啟般若智慧，修習清淨梵行，圓滿六度萬行，生起無緣大慈、同體大悲。

《壽經》宋譯本表述，阿彌陀佛發願：令國中菩薩，以百千俱胝那由他種種珍寶造作香爐，下從地際，上至空界，常以無價栴檀之香，普熏十方，供養諸佛，令國中菩薩圓成上求下化菩薩行，速得成就佛果。阿彌陀佛以妙香廣度眾生，自令有緣眾生，攝佛功德為自功德，香光莊嚴，妙德難思。念佛行人持念佛名相應時，常聞瑞香，乃至臨命終時，蒙佛垂接，異香滿室，悉是與極樂淨土寶香感應道交之瑞相。

五、隨意見諸佛國（第四十願）

請看願文：

「設我得佛，國中菩薩，隨意欲見十方無量嚴淨佛土，應時如願，於寶樹中，皆悉照見，猶如明鏡，睹其面像。若不爾者，不取正覺。」

這一願意謂：我成佛時，國中菩薩隨其心意，欲見十方無量莊嚴清淨佛刹，悉能隨心即時如願，於珍寶樹中，皆悉照見他方刹土，猶如手持明鏡，睹見自己的面像一樣清晰。若此願不兑現，不取正覺。

前述「淨國照見十方」（第三十一願）表述極樂淨土一切處悉能照見他方佛國，表達依報器界的清淨。此願是從正報聖衆的角度，於寶樹中隨意欲見他方諸佛淨國殊勝莊嚴，即可應時如願而見。

這一願含攝二重法義。一者阿彌陀佛加持國中菩薩，以圓明五眼於寶樹中見十方無量嚴淨佛土，此莊嚴清淨佛土，乃實報莊嚴土。各各佛土的佛亦是萬德莊嚴的報身佛。阿彌陀佛欲令國中菩薩不動本處，參訪十方無量報佛報土，俾使國中菩薩了達諸佛淨土之行，來快速圓滿自己的嚴土度生的菩薩大行。用明鏡比喻大圓鏡智，海印三昧，圓照十方無量淨國。極樂菩薩聖眾正是透過阿彌陀佛所證大圓鏡智的賜予，方能應時如願睹見的。

二者表明寶樹具有廣狹相容之一真法界全息特質。極樂世界七寶諸樹周滿國土，或一寶為樹，或有二寶、三寶乃至七寶合成為樹，乃至無數珍寶合成為樹。有種種排列組合，諸種珍寶互為根、莖、枝、條、葉、華、果。《觀經》中有寶樹觀云，一一七寶樹上，有七重妙真珠網來莊飾，一一網間又有五百億妙華宮殿，宮殿裏面還有諸天童子，諸天童子佩戴的瓔珞又放出熾盛的光明。寶樹的葉子也是七寶的，其葉脈如同天然的繪畫，眾葉間自然生出奇妙的樹華，樹華呈動態，如旋火輪般宛轉在七寶樹葉間。從這動態的華內湧生的七寶果，其果如忉利天王的寶瓶，盛滿了光明。此大光明又彌漫輻射，變化成寶幢、幡以及寶蓋。在此寶蓋中，映現十方無量嚴淨佛土。如是寶樹遍滿極樂世界。是故，菩薩聖眾隨處欲見他方淨土，都能應時於寶樹之寶蓋中睹見。

由阿彌陀佛願心所流現的極樂世界，乃事事無礙法界，具足廣狹自在無礙的特點。一棵寶樹為狹，十方無量淨土為廣。十方無量淨土能映現在一棵寶樹之寶蓋，此為廣狹相容。如同鏡子（一尺之狹），能現出千里之影（廣），而他方無量淨國沒有縮小，寶樹之寶蓋也沒有放大，卻能自在相容。誠如《華嚴經》所示：「一切法門無盡海，同會一法道場中。」此廣狹相容之神妙，證明阿彌陀佛的淨土與華藏世界一樣，乃稱性之事事無礙法界，具足華嚴六相十玄門。

阿彌陀佛慈悲加持國中菩薩隨意於寶樹間睹見淨土與諸佛度化眾生之佛事，意在令其見賢思齊，廣學一切法門，拓展自己的知見，快速成就總持陀羅尼，速疾成就佛果。成佛後於十方剎土，攝受一切輪迴的眾生，往生極樂淨土，快速成佛。如是輾轉度化，燈燈續焰，最終令十方九法界一切眾生，悉皆聚會於蓮池勝會，共覲阿彌陀法王，法界太和，普天同慶。「自然音樂，空中讚言：『決定必成無上正覺』」（肇願時的瑞應），於斯方告圓成。

第六章　接引眾生登極樂

■第十九願 勤修我皆接引願

由第四章，吾人了知阿彌陀佛法身功德勝妙，光明遍照十方無量無邊剎土，壽命無量無邊阿僧祇劫。十方諸佛悉皆出廣長舌相，稱揚讚歎阿彌陀佛的名號功德及其剎土的妙嚴。又由第五章，吾人了知由阿彌陀佛願心所流現的極樂世界，一切萬物由無量珍寶所莊嚴，妙香普熏，寶池綻蓮華，寶網遍虛空，雜樹異光色，種種鈴發響，宣吐妙法音，是乃法界最勝道場。西方極樂世界如是依正莊嚴，令人油然而生神往之意。然十方眾生，具備何種資糧，才能往生彼國呢？本章正面回答此重大問題。茲有三願法義展開：一、十念皆生我國；二、勤修我皆接引；三、繫念必得往生。此三願又稱攝生三願，專述阿彌陀佛願力攝受眾生往生淨土之願，於淨業行人至為重要。茲分述如下。

一、十念皆生我國（第十八願）

請看願文：

「設我得佛，十方眾生，至心信樂，欲生我國，乃至十念，若不生者，不取正覺。唯除五逆，誹謗正法。」

這一願意謂：我成佛時，十方眾生聽聞我名號功德已，生起至誠真實心、至極信樂心，願意生到我的國土，如是乃至十聲念佛，都能往生到我剎。若信願稱名乃至十聲，不能往生，我不取正覺。唯造作五逆重罪且又誹謗正法的眾生除外。

這一願，直接彰顯阿彌陀佛大慈大悲、平等普度的願心，表達淨土法門至簡易、至圓頓的特質。阿彌陀佛攝受十方眾生往生淨土，沒有施設任何高門檻的條件，單刀直入，但信願持名即可。中國《周易》以乾坤兩卦為核心。乾為純陽，以「易」為其智慧；坤是純陰，以「簡」為其功能。

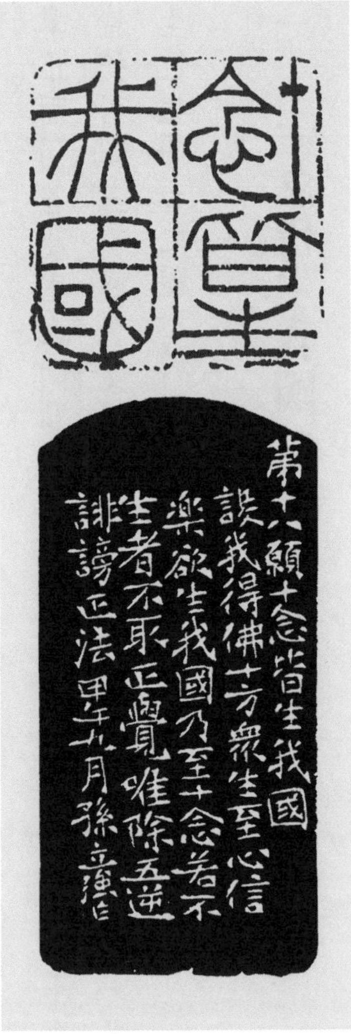
第十八願十念皆生我國
設我得佛十方衆生至心信
樂欲生我國乃至十念若不
生者不取正覺唯除五逆
誹謗正法甲午九月孫
■第十八願願文

乾坤兩卦的極致就是「簡易」二字。乾卦類似無量光，坤卦類似無量壽，阿彌陀佛在接引眾生往生上，亦由無量光壽性德流現出「簡易」之度生方便。十方眾生但信願稱名，不假方便，自然感通佛力，自在往生。

十念往生乃由生佛不二、感應道交顯出的妙德。吾人現前一念的體性與阿彌陀佛心體平等不二，吾人是阿彌陀佛心內的眾生，阿彌陀佛就是我等眾生心內的佛。以信願稱名為能感，阿彌陀佛攝受眾生為所應。感應道交，即得往生。

如何才能感得通阿彌陀佛威神願力呢？此願即將能感之機表述為三句話：至心信樂，欲生我國，乃至十念。淨業行人宜悉心體會其中法義。

首先談至心，即是至誠心、真實心。儒家亦云：「至誠感物，不誠無物。」世間法尚且強調真誠感通，出世間法尤甚。淨業行人要以至誠心念佛。由於阿彌陀佛名號，是真誠心的結晶，唯真誠才能感通真誠，以虛假的心是無法感通名號之實德的。行人願樂往生的心，一定要真誠無偽。

第二是「至信心」。至信即是深信，不夾雜任何懷疑。所信法義略有：信憑經中佛說念佛定生淨土；信念佛，定得諸佛護念；信念佛，臨終定得佛來迎接；信念佛，往生定得不退轉地。至信的內涵，猶如深栽果樹，根深故，風吹不動，後結果實，濟人飢渴。念佛之人，亦復如是。要由深信，得生極樂。若無信心，空無所獲。

第三是愛樂心。具淨信心，自然生起愛樂心。「心生大歡喜，自知當往生，得未曾有」，思惟自己曠劫以來，常沒常流轉，今生僥倖遇到了依靠佛力、橫超三界的妙法，油然而興好樂之心。如《法華經》中窮子，繼承慈父大富長者的家財，驟然富貴一樣，得未曾有，踴躍歡喜。

於「至心信樂」心態，自然啟發「欲生我國」的願心。厭離娑婆，欣求極樂。

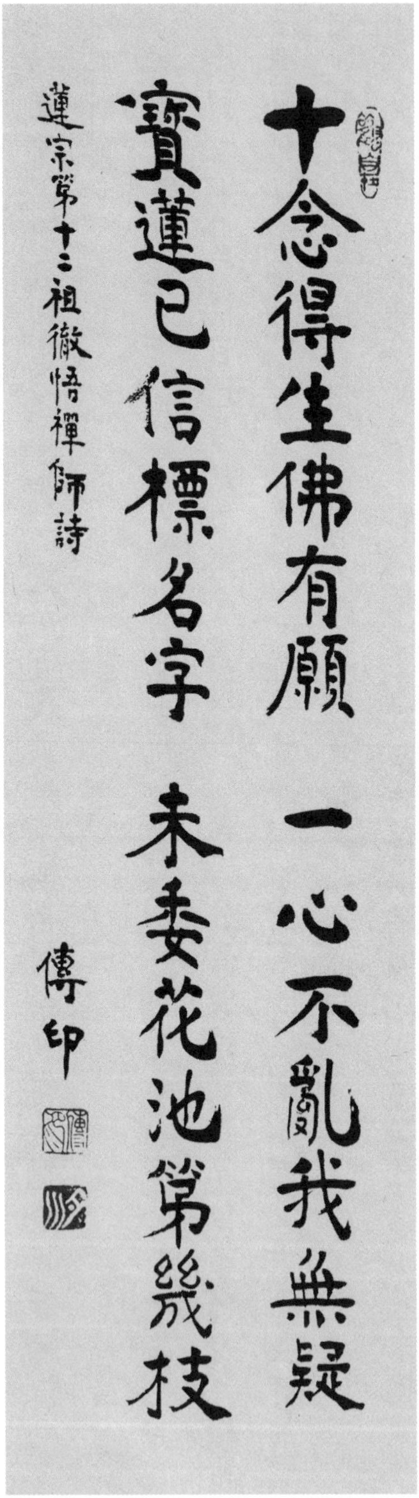
十念得生佛有願 一心不亂我無疑
寶蓮已信標名字 未委花池第幾枝
蓮宗第十二祖徹悟禪師詩
傳印

■傳印法師墨寶

對於娑婆穢土，要作牢獄想、火坑想、苦海想、火宅想；對極樂世界，則要作故園想、樂邦想、寶所想、清涼池想；對阿彌陀佛，要作大慈父想。要於真實心中，厭捨五濁惡世一切人事，觀照極樂依正二報，恆存思歸故鄉之心。

具足深信切願的淨業行人，定會精進念佛，如救頭燃，每日或三萬或五萬，乃至十萬，行住坐臥不離佛。此願文所述「乃至十念」是為工作忙碌者，或修其他法門而兼修淨土者所設施的方便。包含臨終十念與平時十念二種。慈雲遵式尊者創立的晨朝十念法，即是依據此願文而制定的。

一輩子未聞修淨土，臨命終時，方聞念佛法門，至心稱念十聲乃至幾聲，即得成辦往生。如屠夫張善和，地獄相現前，蒙比丘開示勸導，至心念佛得以往生，即是其例。平日一邊作務一邊念佛得以往生者，黃打鐵即是其例。

十念實則並不唯指具體的數字。曇鸞大師詮釋「十念」的法義，以「業事成辦」來表述，甚為允當。意謂這十念是表明往生的淨業成辦的意思，不必拘泥於到底是幾聲。

有人認為「乃至十念」乃是指《觀經》下品下生者，是針對惡人的。實際上，阿彌陀佛的這一願含攝十方眾生，既有惡眾生，也有善眾生，當然也包括那些很有修行的人。比如宗門教下兼修淨土的人，若具足「十念」，亦屬這一願所攝的範圍。如宋代的圓照本禪師、天衣懷禪師、真歇了禪師等。

這一願體現了阿彌陀佛無條件平等救度一切眾生的大悲心。然有一類眾生不在此願攝受之列，那就是犯了兩種重罪的眾生。第一種是犯五逆重罪，殺父、殺母、殺阿羅漢、破和合僧、出佛身血。父母對自己恩德最大，連父母都殺害，那是顛倒破壞了世間的倫常道德。殺害證果的聖人，對僧團挑撥離間令法事不能成就，以惡心出佛身血，這些行為都是屬於破出世間的慧燈。

第二種是誹謗正法的重罪。廣義來說，正法就是五乘的佛法，談六道輪迴、因果報應、真空妙有、緣起性空等佛理。狹義來說是誹謗淨土法門，妄說無有西方淨土、沒有阿彌陀佛，嘲笑念佛人，說念佛毫無意義，說經中所述純屬幻想虛構，或云方便表法，並無其事，等等。如此謗法，罪過極大。蓮池大師曾開示：如果有人一天說一萬句話來罵一萬尊佛，積滿一千年，這樣所犯的謗佛之罪無量無邊；但如果有人僅出一言，否認極樂淨土的存在，阻人念佛，那此人的罪業尤甚於前者百千萬倍，乃至無算。為甚麼呢？十方恆河沙諸佛都讚歎西方，勸勉一切眾生信願持名求生淨土，希望人人成佛，無量眾生要依此法門而得救。但現在竟然有人出惡言來誹謗淨土法門，這即是誹謗十方恆河沙諸佛，並且令眾生不念佛不求生淨土，斷送法身慧命，這是陷害眾生常沉苦海，不得成佛，因此罪大惡極，無以復加。

雖然犯五逆罪和誹謗正法分別都會下阿鼻地獄（又稱無間地獄），但其輕重程度是不一樣的。若犯五逆罪入阿鼻地獄，那等到此世界毀滅，地獄也隨之敗壞的時候，此眾生就可從地獄出來。若是因誹謗正法而入阿鼻地獄，縱然此界劫壞，此地獄將毀，亦會將此眾生轉移至其他世界，輾轉遷徙，於各處阿鼻地獄受刑，無有出期。可見，謗法罪過極深。

這兩種重罪的造作，又區分為三種情形。第一種是只造了五逆罪，沒有誹謗正法的。《觀經．下品下生章》昭示：造五逆十惡重罪的罪人，臨終時若遇到善知識為其講說阿彌陀佛的威神願力，此罪人以慚愧心念佛也能往生。說明只是犯五逆罪的罪人，具足信願稱名還是能往生。

第二種只是誹謗正法，沒有犯五逆罪。這種情況不能往生。為甚麼？第一，誹謗正法的罪最重。眾生之所以敢犯五逆罪就是因為沒有正法熏陶，若能信解正法，了知因果，也就不敢去造作五逆重罪了。第二，既然誹謗正法，就不會對淨土法門產生信心，沒有信願，感通不上佛力，自然隨業流轉了。

第三種情形具犯五逆與誹謗正法這兩種重罪，當然就不在這一願的攝受之列，入阿鼻大地獄如箭射。

又，若同時犯了這兩種重罪，以後懺悔改過念佛能否往生呢？對此善導大師有一個開示：「唯除五逆，誹謗正法」是從抑止門（即從預防的角度）來建言。佛深知這兩種罪業的嚴重後果，唯恐眾生造作，所以方便說一旦造作就不得往生，然並不是佛不攝受。從慈悲攝受門來說，若既犯五逆罪，又誹謗正法的惡人還能深刻懺悔，至誠念佛求生淨土，阿彌陀佛還是會悲心攝受他往生的。善導大師稱合佛心，作如是解。然吾人靜心忖量：若人造作五逆

■觀無量壽佛經圖頌 下品下生

重罪，表明世間福德就蕩然無存；又若誹謗佛法，說明其智慧蕩然無存。福德智慧一概無有，又如何令其回心轉意呢？這類惡人能回心懺悔念佛，恐怕百千萬億人中難得有一個半個，故從極少數意義上來說，可在簡除之列。

十念皆生我國願，體現阿彌陀佛徹底的大慈悲心，以及不可思議之威神願力。吾等淨業行人當生感恩之心，而不能把這一願作為自己懈怠放逸乃至造惡的藉口。亦不要滿足於每日只念十聲。真為生死的人，宜多多念佛，如決江河，沛然莫禦。我等的煩惱深重，福薄慧淺，若不精勤念佛，怎麼能說有「至心信樂，欲生我國」的淨土情懷呢？信願一定要落實在持名的行為上，信願行如鼎之三足，良性互動，如是可穩操往生淨土之左券。

二、勤修我皆接引（第十九願）

請看願文：

「設我得佛，十方眾生，發菩提心，修諸功德，至心發願，欲生我國，臨壽終時，假令不與大眾圍繞現其人前者，不取正覺。」

這一願意謂：我成佛時，十方眾生發起成佛度眾生的菩提心，修行六度萬行諸功德，將此功德至心迴向願欲往生我國，其人臨命終時，我與西方聖眾前來，圍繞現在此念佛人面前，接引其往生。若此願不成就，不取正覺。

阿彌陀佛因地考察他方諸佛淨國，雖有往生之人，若無佛迎接，譬如浪子歸鄉，無家人迎候接待，豈不淒涼？況臨命終時，業障一時現，若無佛慈佑，又隨業流轉。是故，悲心發此願：十方眾生若迴向功德求生我國，我與聖眾，現其人前，慈悲接引往生我國。可見阿彌陀佛護佑淨業行人之心，周全而細微。

此願主要針對修習大乘通途佛法的行人，菩提心即為上求佛道、下化眾生之心。就大乘佛法而言，忘失菩提心，修諸善法，是為魔業。（《華嚴經》）蓮宗對菩提心的詮釋與通途佛法的解釋大同小異。曇鸞大師云，菩提心即是願作佛心，願作佛心即是度眾生心，度眾生心即是攝取眾生往生淨佛國土心。（《往生論注》）善導大師云：「唯發一念厭苦，樂生諸佛境界，速滿菩薩大悲願行，還入生死普度眾生。」（《觀經四帖疏》）蕅益大師云：「深信發願，即無上菩提。」三位蓮宗大德的詮釋，千里同風，稱合佛意。

由菩提心引導大乘菩薩行業。這一願中的「修諸功德」，含攝戒定慧三學、六度、普賢十大願王、淨業三福，以及三輩九品、定善散善之行業。若修習多種功德，乃至一種功德，以此或多或少的功德，至心迴向往生極樂世界，悉為往生資糧。

這一願中的核心是於臨命終時，阿彌陀佛與諸聖眾前來接引。須知，吾人於生死關頭，靠自己修行的功夫很難得力。權且不論生前沒有修行功夫、造業不斷的行人，即便那些道心堅固、用功勤勉之大修行人，若煩惱習氣沒有除盡，仍然會隨業力牽引，輪迴六道。

歷史上記載不少轉生的大修行人，比如五祖師戒禪師轉生為蘇東坡，海印信長老轉生為朱防禦家的女兒，中方廣寺的嚴首座轉生為狀元王十朋，等等。為此永明延壽大師慈悲作《禪淨四料簡》，云：「有禪無淨土，十人九蹉路，陰境若現前，瞥爾隨他去。」意謂行人於臨命終時，神識離體，滑入中陰身階段，業風飄蕩，無能作主，重業先牽，又入輪迴，誠為可怖。又云：「無禪有淨土，萬修萬人去。但得見彌陀，何愁不開悟。」意謂若未開悟，然具信願稱名，臨命終時，蒙佛慈悲接引，萬修萬人去，往生彼國，華開見阿彌陀佛，得無生法忍，還愁憂不得開悟嗎？可見，永明大師於唐五代時，就為一切大乘行人，指出了出輪迴成佛道的康莊大道。

■〔唐〕蓮宗六祖永明延壽大師

這一願發得非常慈悲，也非常周到。現在有些人擔心臨命終時會有冤親債主現前，感到很害怕。確實，《地藏經》開示，臨終時候，多有冤親債主「詐親含笑」，導引臨終者到三惡道裏去。然念佛法門無此障難。茲因淨業行人信願稱名，臨終感得阿彌陀佛、觀音勢至等聖眾前來，接引場面盛大，光明熾盛，其冤親債主無法靠近，或接受佛化，往生淨土。此時，阿彌陀佛放光攝取念佛人的神識，置於蓮台中，蓮華閉合，安穩隨佛往生，不會有遺漏的情形。此亦「萬修萬人去」之佐證。

又有人會問：十方世界念佛人那麼多，阿彌陀佛若都去接引，那他老人家忙得過來嗎？這裏不要用凡夫的知見去妄測佛來接引的情形。此世間天上的月亮只有一個，然所有的江河、溪流、湖泊都能映現那輪月亮；百千萬人仰望月亮，都覺得月亮只對着自己；往東南西北不同方向行走的人，也都會感覺月亮在跟隨着自己。實則只有一輪月亮，但能映於萬川。連世間月亮尚且有如此神妙，更何況阿彌陀佛契證諸法實相，具足法報化三身功德，與無量如幻度生方便。於無量念佛人面前，法爾自然地顯現接引情形，又有甚麼不可能呢？心淨則佛自來，感應之道，難思難議。

古往今來，佛來接引的感應甚多。慧遠大師臨終前七天見到了阿彌陀佛。佛身廣大，遍滿虛空，阿彌陀佛的圓光中還有很多的化佛，觀世音菩薩、大勢至菩薩侍立左右。阿彌陀佛告訴慧遠大師：「我以本願力故，來安慰汝，汝後七天，當生我國。」果然，七日後，遠公大師自在往生。

因佛臨終接引願，建立臨終助念，效果甚佳。眾生在生命終了的時候，身心都很衰竭，瀕臨死亡的體驗和過程亦非常複雜的。死亡關頭，業力凡夫大多痛苦、恐懼、無奈，不能作主宰。故須蓮友幫助助念，感通佛力，文成印壞，自在往生。須知，淨業行人念佛，當下入蓮台往生，是不須經過中陰身的。

東林大佛塑造成接引佛的形像，亦是以此願為依據，阿彌陀佛接引眾生時，伸出寬廣的右手，喻指於生死深淵拔濟眾生，左手拿着蓮台，乃是安立行人的神識。呈站立姿態體現主動拯救的慈悲，唯恐會因坐着而耽擱拯救眾生的時機。佛的慈悲、主動的接引形像能令眾生安心依怙。茲因阿彌陀佛臨終接引願，我等眾生才獲得出離無量劫輪迴的強緣。吾人切勿交臂錯過。

三、繫念必得往生（第二十願）

請看願文：

「設我得佛，十方眾生，聞我名號，繫念我國，植眾德本，至心迴向，欲生我國，不果遂者，不取正覺。」

這一願意謂：我成佛時，十方世界諸眾生聞信我阿彌陀佛的名號，專心繫念我國，修習諸善萬行，將此功德至心迴向往生我國，如是淨業行人若不能如願往生，不取正覺。

第十八願側重在「至心信樂，欲生我國，乃至十念」，第十九願側重在「發菩提心，修諸功德」，而這一願的重點是「繫念我國」。專稱名號固是往生正因，然一心繫念極樂世界種種莊嚴，以此功德迴向，亦能成辦往生淨業，此屬觀想念佛，《觀經》前十三觀所展開的即是觀想的對境。

■《東林大佛》廬山東林寺淨土苑

東林高賢中有一位僧濟法師，即屬繫念往生的。僧濟法師生病之際，慧遠大師前去探視，給他一支蠟燭，云：「汝可運心安養。」（意謂：繫念極樂世界。）於是僧濟法師「執燭憑几」，手執蠟燭至心想念極樂淨土，又請比丘僧眾誦念《無量壽經》。便於當夜，夢見自己拿着蠟燭在空中飛行，見到阿彌陀佛，阿彌陀佛把他接在手掌心上，遍至十方剎土。僧濟法師醒來，很歡喜地對眾比丘說：「我以一夜繫念西方淨土，便蒙阿彌陀佛接引。」第二天傍晚，僧濟法師在大眾助念時，對弟子說：「佛來也，吾其去矣！」即面向西方安然往生。當時正值盛夏酷熱，然其身體三天不變，還散發着濃郁異香。往生時只有四十五歲，「繫念我國」得遂往生之果。

唐代啟芳和圓果兩位比丘，精心觀想淨土，五個月後，於觀想中到了極樂世界七寶大池，見到西方三聖，還向阿彌陀佛請教：「閻浮眾生，依經教念佛，得生此否？」佛回答他：「如念我名，皆生我國，無有一人念而不生者。」又過了五個月，這兩位比丘同時聞到鐘聲，而其他人卻都聽不到。頃刻間，兩人同時往生了。

「植眾德本」，是指修習三學、六度、十大願王以及淨業三福等。如是諸善萬行之德，乃為佛果菩提之本，故稱德本。說明淨業行人宜積極踐行世出世間一切善法，傳播大乘菩薩的精神，淨化人心，提升道德，改變社會人士認為佛教消極無為的偏見。

無論是世出世間的善法，都要用真實心迴向往生西方極樂世界，若不迴向，自然感得人天福報，未脫輪迴，甚為不妙。若「至心迴向，欲生我國」，此人天福報即轉為往生淨土的資糧，可提升往生的品位。

淨業行人亟須隨順佛願，將往生淨土作為頭等大事來辦，不可貪生怕死，留戀塵世。恆常作好隨佛往生的心理準備。這樣遇到急難困厄時，就能從容鎮定，正念往生。

《淨土聖賢錄》記載往生公案。唐代的常慜法師與弟子航海到印度求取佛經，他們搭乘的商船在海中遇到大風，情況非常緊急，船主趕忙動用小船把商船上的人運到岸邊。然小船容量小，大眾爭先恐後，互相排擠。伊時船長大聲呼叫常慜法師上小船，然常慜法師謝絕了。第一，是把生存的機會讓給別人；第二，這正好就是求生淨土的時機。於是，這兩位比丘就合掌稱念阿彌陀佛，船沉身沒，聲盡而終。平素若無「念死」的涵養功夫，於此性命攸關之際，何能如此從容念佛往生。吾人當警覺效仿。

生死輪迴是一切眾生生命之大患，阿彌陀佛的這三願就是為瞭解決這一最本質性的生命問題而施設的。淨業行人要發真為生死的心，才能與這三願相應，依佛願修行，感應道交。或「至心信樂，十念往生」（十八願），或「發菩提心，修諸功德，迴向往生」（十九願），或「繫念安養，植眾德本，迴向往生」（二十願）。若真為生死的心未發，雖也學佛，然不出人天善業福報範圍，不能解決生命的根本問題。若今生錯失往生極樂世界的機緣，那不知道又要輪迴多少萬億劫，才能得人身聞佛法，尤其得聞淨土橫超法門了。每念於斯，心膽俱寒，惟願淨宗同仁服膺頂戴此阿彌陀佛攝生三願，真為生死，猛切念佛，定能得蒙阿彌陀佛慈悲護佑，安穩往生極樂。曠劫以來的生死大患，今生得以頓斷，何幸如之！

第七章　令諸生者　速成佛道

■第十一願 正定必至涅槃願

阿彌陀佛攝生三願，以名號為載體，以光明威神願力，不失時節地接引十方無量無數無邊眾生，安住於極樂蓮邦，這是實施令十方九法界眾生離兩種生死苦海的第一步。進而令諸往生者，於極樂世界精修菩提道業，疾速成就阿耨多羅三藐三菩提。如是，阿彌陀佛安樂利益十方一切眾生的佛事，方慶圓成。本章由五願法義展開：一、正定必至涅槃；二、聲聞廣多無量；三、壽命修短隨意；四、菩薩一生補處；五、自然得聞妙法。茲分述如下。

一、正定必至涅槃（第十一願）

請看願文：

「設我得佛，國中天人，不住定聚，必至滅度者，不取正覺。」

這一願意謂：我成佛時，國中天人悉皆住大乘正定聚，必定證得大乘佛果。若此願不兌現，不取正覺。

阿彌陀佛因地考察他方世界，或有眾生遇佛法而修行，動經無量劫，進進退退，唐喪一光陰，了生死、成佛道，遙遙無期，故悲心啟願：我成佛時，國中天

一、唐喪：徒然喪失，白白地失去。

人聖眾，悉皆成阿鞞跋致菩薩，究竟圓滿佛果。阿彌陀佛在此願，直接彰顯肇立四十八願建立淨土的終極目的，欲令十方眾生往生極樂，成就佛果而已矣！

「定聚」即為正定聚。聚是類別的意思。經典中將根性不同的眾生，以類聚之，不出三種。一類是邪定聚，必定墮入六道輪迴者。第二類是不定聚，能否得解脫隨緣而定，遇善緣即上升，遇惡緣即墮入輪迴。主要指信位及內外凡夫，進退不定。第三類是正定聚，決定得到菩提涅槃、佛果的，屬大乘初住以上者。正定聚也即不退轉位，圓教初住破一品無明，初得無生法忍，即為正定聚。

我等凡夫在修菩提道成就佛果的過程中，此三關難以透過。

第一關是脫離三界分段生死難。按通途佛法，一定要斷除見思惑，證得阿羅漢的果位，才能離開三界的分段生死，而濁世眾生欲憑自力修戒定慧斷盡見思惑，基本上難得其人了。而淨土法門以自力感通佛力加持，帶業往生極樂世界凡聖同居土，與諸上善人俱會一處，就便巧[二]地透過了這一關。

第二關是不取證偏真涅槃難。一般修行人斷見思惑，證人我空得偏真涅槃，便容易中止化城，墮無為坑，飲三昧酒，取證偏真涅槃。乃至大乘圓教七地菩薩

二、便巧：簡便巧妙。

獲得寂靜真常的覺受，亦欲取證，此時十方諸佛加被他，喚醒他因地所發的菩薩願，他才能重新發起修菩薩道之心。由此可見，阿彌陀佛發願，加持諸往生者必定到達成佛的目的地，便順利地通過此難關。

第三關是得阿鞞跋致難。得不退轉位乃斷無明，至少圓教初住以上的證量。圓教初住菩薩功德甚深，已能在一百個三千大千世界示現八相成道。這一願，阿彌陀佛保任帶業往生的天人悉能得阿鞞跋致，中間也不會遭遇退轉的陷阱。

有些修行人慈悲心深重，欲於此世，生生世世行菩薩道，救度眾生。然未證無生法忍欲住在五濁惡世度眾生，無有是處。(龍樹菩薩語)因為自己煩惱厚重，結果非但度不了眾生，自己卻反而被眾生度入惡道。是故要想實現普度眾生的悲願，理應先往生到西方極樂世界，華開見佛，得大乘正定聚，爾時再回入五濁惡世度眾生，才是智慧選擇。

往生極樂世界入正定聚，自不待言。然此願亦包含加持當往生的淨業行人，亦獲住正定聚之密義。《大寶積經·無量壽如來會》表述：「彼國眾生，若當生者，皆悉究竟無上菩提，到涅槃處。何以故？若邪定聚及不定聚，不能了知建立彼因故。」意謂入正定聚包含二類念佛行人：一類是已往生的彼國眾生，一類是「若當生者」，即尚未往生的淨業行人，若能深信、切願、稱名，死盡偷心，不換題目，如是真念佛人，即人中分陀利華。若是邪定聚和不定聚的眾生，不可能了知西方極樂世界建立的原理以及阿彌陀佛大悲願心，也就不能產生決定的信心。夾雜着懷疑，易被其他修行方法所動搖。是故此土信願稱名者亦能得到這一願密義的加持。蓮宗祖師常開示，真能深信切願持名，已是極樂世界之嘉賓；雖然身還沒有往極樂世界，七寶蓮池中已然誕育了一朵標上其名的蓮華了。至心念佛，即入正定聚，阿彌陀佛願力加被，妙德難思。

二、聲聞廣多無量（第十四願）

請看願文：

「設我得佛，國中聲聞，有能計量，乃至三千大千世界眾生，悉成緣覺，於百千劫，悉共計校，知其數者，不取正覺。」

這一願意謂：我成佛時，國中聲聞（含緣覺）聖眾，廣多無量，乃至三千大千世界所有的眾生都成就辟支佛的神通智慧，以百千劫共同計算其聲聞聖眾的數量，亦不可能計算清楚。若此願不兑現，不取正覺。

阿彌陀佛因地，考察他方剎土，雖也有佛示現八相成道，大行法化，然座下弟子甚少，如此世間釋迦牟尼佛，座下常隨眾只有千二百五十人，未盡莊嚴。是

■〔清〕丁觀鵬《法界源流之維摩示疾》

故發願，令我成佛時眷屬——座下的弟子聖眾無量無邊。弟子中有天人，有聲聞，有菩薩，在這一願中，就以聲聞來作代表。

為何以聲聞做代表呢？乃由對淨土妙法，聲聞比天人與菩薩更難啟信。

聲聞種性，視生死如怨家，厭離心切，急求自度，得人我空，得無學位，便得少為足，中止化城，對莊嚴淨土、饒益眾生不生好樂。以舍利弗為代表的聲聞，才會在法華會上深深地自責，之前同樣是參加法會，為甚麼自己會對佛所講的大乘菩薩法置若罔聞呢？甚至在維摩詰的法會上，當維摩詰大士顯現菩薩不可思議解脫境界的時候，摩訶迦葉感到聞所未聞，見所未見，痛感自己一輩子都沒有聞到大乘佛法，於是悲痛號泣，聲震三千大千世界。

修習小乘戒行的聲聞，只要聞信淨土法門，

願往生極樂世界，阿彌陀佛亦皆悲願攝受，令其得生安養。然由生前所修習的是聲聞乘，阿彌陀佛也就順着小乘的根性應機宣說藏教和通教的三十七道品，讓小乘行人斷見思惑，證到阿羅漢的果位。這時的聲聞已不再是定性聲聞了，實則在生前信願求生淨土時，已然是迴小向大的菩薩種性人了。若是定性聲聞，是聞不到淨土與阿彌陀佛名號的。若聞信西方極樂世界阿彌陀佛的名號，深信切願求生淨土，那就不是藏教和通教的行人了，乃是別教和圓教的菩薩種性了。從斷惑的程度或從原來的身份上來說，假名聲聞，然其種性已經是菩薩了。聲聞行人的目標指向偏真涅槃，是不可能再發起菩提心的。而阿彌陀佛以不可思議的威神願力攝受聲聞眾往生彼國，又以神妙之力令其發起菩提心。

曇鸞大師對此有一個比喻，有毒的鴆鳥入到水中，水裏的魚、蚌等都會死亡。若能解鴆毒的犀牛角入水，被毒死的水族眾生就能奇跡般地復活。小乘聲聞種性如中鴆毒的水族，而阿彌陀佛的願力就像犀牛角。阿彌陀佛能夠攝受這些聲聞到極樂世界，讓他們重新生起成佛度眾生的菩提心，乃是不思議中大不可思議了。

這一願也能夠引發他方世界聲聞對求生淨土的信樂。若他方世界的聲聞眾得知極樂世界有無量無邊的聲聞，也會激發他們共同趣向極樂淨土的意願。

假使三千大千世界所有眾生，悉皆成就辟支佛的神通智慧，並用百千劫的時間來一起計算——無能算清阿彌陀佛初會聲聞數量，「阿彌陀佛成佛已來，於今十劫」，法會已歷百千萬次了，其參與法會的聲聞數量，更是非以算計之所能知。座下的聲聞弟子數目如是，座下的菩薩天人弟子的數目亦復如是。「天人丈夫眾，恭敬繞瞻仰。」（《往生論》）阿彌陀佛乃佛中之王，不可勝數的聲聞菩薩天人成就其眷屬莊嚴功德。

三、壽命修短隨意（第十五願）

請看願文：

「設我得佛，國中天人，壽命無能限量。除其本願，修短自在。若不爾者，不取正覺。」

這一願意謂：我成佛時，國中天人壽命無量無邊阿僧祇劫，除有一類天人，曾發「還相迴向願」，可自在選擇在極樂淨土或長或短的壽命。若此願不能兑現，不取正覺。

在第十三壽命同佛永久願中，阿彌陀佛因地發願成佛時，應身壽命無量無邊，並以平等心，令國中天人聖眾也如佛一樣壽命無量。這是阿彌陀佛因地考察他方世界，自然生起的一種悲願。他方眾生的壽命長短與業力相關。業力凡夫於五濁惡世大多壽命短暫，如此土人壽不超過百年，修行佛道很難有結果。聞法修行，剛摸到點門道，壽命卻結束了；轉生下世，僥倖再得人身，又有隔胎之昏，修行又得從零開始，這樣便很難成就佛果。是故阿彌陀佛發願成佛時不僅自己壽命無量，同時也要令國中天人壽命無量。

然阿彌陀佛的這個悲願還有更加細微的考量，雖然壽命無量為大多數往生者所期盼，然有些往生者生前曾發願，往生彼土見阿彌陀佛後，即回入生死苦海救度眾生。如是，阿彌陀佛願力加持，修短自在，令其有在極樂世界壽命長短的自由選擇權。佛的無量智慧中有延促智，既能使壽命延長，也可以使壽命縮短。阿彌陀佛將壽命延促智也恩賜給國中天人，令其壽命長短隨意。

有了「除其本願，修短自在」的保證，也就說明，在他方世界乃至吾人所處的娑婆世界，即有諸多極樂世界菩薩，酬願示現種種身份，回入娑婆度眾生。如《西方確指》中的覺明妙行菩薩，東晉時期，以貧子身，經過七日七夜專精念佛，得念佛三昧。於七十五歲時往生極樂世界。隨後酬願示現多種身份回到震旦國，或示現國王身、或臣宰身、或比丘身、或居士身，乃至示現屠夫身和乞丐身。隨機度化有緣眾生往生淨土。

再比如省庵大師，才四十九歲，證得念佛三昧要往生的時候，大眾祈請他

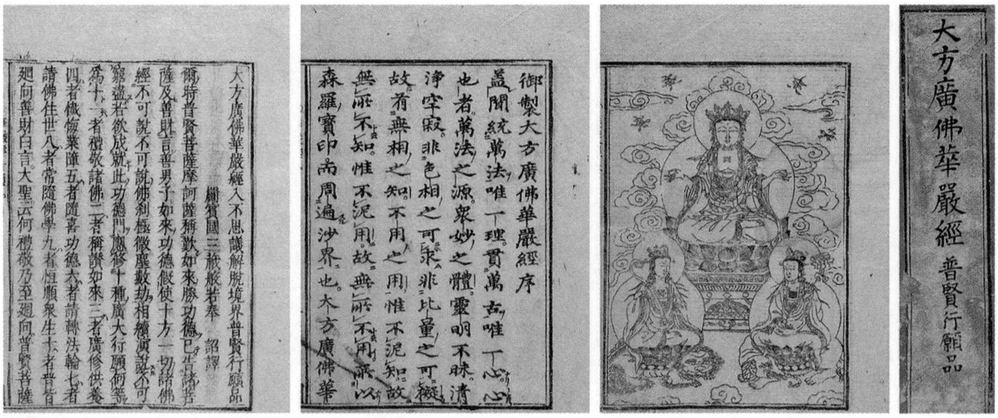

■〔唐〕《大方廣佛華嚴經 · 普賢行願品》

長久住世度生，省庵大師的回答：「吾去即來，生死事大，各自淨心念佛可矣。」大師的願心承諾，亦一定會兑現，只是我等肉眼凡胎，不知省祖又會示現何種身份弘佛法、度眾生。

古往今來，諸多極樂菩薩以悲願回入此土，弘護蓮宗，人多不識，他自己也不可泄露身份，唯於命終，陰有遺言，囑付佛法，令生敬信。宋代處謙法師，有道德，有智慧，精通天台，兼修淨土，曾經十坐道場，住持道場四十年，講經不斷，度化了很多人，名震朝野，皇帝賜號神悟，以示崇敬。臨命終時，預知時至，沐浴更衣已，集合大眾僧，誦《普賢行願品》與《阿彌陀經》。升大座，稱揚讚歎極樂淨土的功德。向大眾透露：「吾得無生日用久矣，今以無生而生淨土。」說自己得無生法忍很久了，今以無生而生淨土。試想若是業力凡夫，縱然盡形壽勤勉修行，開悟證初果，亦稀有難得，更何況得無生法忍，證菩薩摩訶薩位。可見，處謙法師「內祕菩薩行」，由本垂跡不可測量矣！

四、菩薩一生補處（第二十二願）

請看願文：

「設我得佛，他方佛土諸菩薩眾，來生我國，究竟必至一生補處。除其本願自在所化，為眾生故，被弘誓鎧，積累德本，度脫一切。遊諸佛國，修菩薩行，供養十方諸佛如來，開化恆沙無量眾生，使立無上正真之道，超出常倫諸地之行，現前修習普賢之德。若不爾者，不取正覺。」

這一願意謂：我成佛時，他方佛土諸菩薩眾（含初發心與三賢十地階位）往生到我的剎土，悉能究竟必至一生補處位；除其因地曾發願，為度眾生故，披上弘誓的鎧甲，積功累德，修習六波羅蜜，度脫一切眾生，自在遊化諸佛國土，修自利利他菩薩行，以種種供具供養十方諸佛如來，開導教化恆河沙數無量眾生，令諸眾生安立於無上正真之道，得佛威神力加持，頓然超出通途菩薩道的修行階位，現前速得圓滿普賢十大願王之德。若此願不兌現，不取正覺。

阿彌陀佛因地考察他方佛土，修菩薩行者，動經三大阿僧祇劫的辛苦，歷經五十二個階位，中途或遇障緣，退失菩提心。如法華會上與會大眾，亦在大通智勝如來座下，曾發菩提心，修菩薩行，然塵點劫退轉為聲聞。故佛典常云：「魚子菴羅華，菩薩初發心，三事因中多，及其結果少。」（意謂：魚子多，成魚苗的少；菴羅華多，果子少。以此喻指初發心的菩薩多，成佛的少。）證果之難，如蟻子登高山。是故，阿彌陀佛發大悲願，他方世界來生我國的菩薩，即得不退轉位，頓然超越通途五十二階位，疾至一生補處，位齊普賢，頓然圓滿自利利他菩薩大業。

一生補處，意謂從一實境界，具足發生一切莊嚴，唯少如來一位，未得證知。更有一轉法性生，即補佛位。換言之，只一生補佛位，如彌勒菩薩（釋尊之候補佛）、觀世音菩薩（阿彌陀佛之候補佛），極樂世界諸往生者，普皆一生成佛，人人必定證得一生補處位，「其數甚多，非是算數所能知之，但可以無量無邊阿僧祇說」。（《佛說阿彌陀經》）

大乘佛典中，唯《華嚴經》以善財童子五十三參，示現一生圓滿佛道的歷程。而一生圓滿之因，則末後《普賢行願品》，十大願王導歸極樂，且以此勸進華藏海會四十一位菩薩大士，同生安養。證知，《華嚴經》一生圓滿成佛的祕要，原來正是此願。阿彌陀佛以大平等之慈悲心，令一切凡夫立登一生補處，令善財童子等菩薩大士速證無上佛果，此大願功德，何可思議。

他方國土諸菩薩眾生到極樂世界，究竟得一生補處，然亦有菩薩曾發願，一經往生，就速回穢土度眾生，阿彌陀佛對此也歡喜加持，令他披上弘誓鎧甲（意指他自己的誓願，與阿彌陀佛威神力加持），有着如是鎧甲保護，方能於五濁惡世度化眾生。

按通途佛法論，初發心菩薩，煩惱未斷，欲於五濁惡世度眾生，無有是處。證得無生法忍菩薩，才有能力於穢土度眾生。如鵝鴨入水，遊戲神通，廣度眾生。

而在淨土法門，行人生到極樂世界，得阿彌陀佛的加持，獲得弘誓鎧甲之保護層，亦可如無生法忍菩薩那樣，於五濁惡世自在度眾生。阿彌陀佛並能保任此菩薩還能回極樂世界，不致迷失於他方世界，招致輪迴墮落的風險。

此悲心深厚的極樂菩薩於他方穢土，積累菩薩六度萬行之功德，效用甚妙。《無量壽經》云，於此娑婆穢土，「正心正意，齋戒清淨，一日一夜，勝在無量壽國為善百歲」。何以故？極樂世界無為自然（生存資源充足），國中聖眾皆明心積善。然娑婆世界多有五欲誘惑，魔障干擾，競爭生計，身勞心瘁，修菩薩行甚難。難能就可貴，於此世界修六度的機緣廣。比如修布施，這裏窮人多，可以廣修財布施；此世眾生精神貧乏，可作法布施。南閻浮提眾生剛強、弊惡，動輒誹謗、辱罵他人，故能成就行人忍辱波羅蜜。而極樂世界無有窮人，亦無精神貧乏者，無誹謗之惡人，故修六度機會不多。從此意義上，理解此土修行一日一夜勝過極樂修善百年之法義。

極樂菩薩得阿彌陀佛願力加被，自在遊諸他方佛國，修習自行化他之菩薩業。以種種供養具，恭敬供養已，聆聽諸佛說法，蒙佛授記。同時，作如來使，悲心教化恆沙無量眾生，以先覺覺後覺，令眾生發上求下化之菩提心，傳授信願念佛求生淨土之勝妙法門，令一切眾生安立於無上正真之道，即安立於「南無阿彌陀佛」六字洪名上。

持念萬德洪名，全攝佛功德為自功德，就能超越通途佛法菩薩道的階位次第，不必次第從初發心到信位，經歷由十信、十住、十行、十迴向、十地的常倫次序，頓然臻入一生補處位，疾速成就佛果。證知，名號功德不可思議，能持心性不可思議，阿彌陀佛願力不可思議。

「超出常倫諸地之行」是淨土法門不共的特質，亦是速疾成佛的依據，此乃以阿彌陀佛願力作為增上緣，是果地功德的恩賜所致，這就類似於在人世間投生到帝王之家，作為東宮太子，頓獲福德高貴一樣。又如好堅樹，在地下已長了一百年，一旦伸出地面，一日便長到一百丈高。此不可思議境界，類似於念佛法門，以佛的果地覺作因地心，現成享用。

「現前修習普賢之德」，普賢之德就是普賢十大願王。此願王乃一切菩薩弘願之總持。欲成就如來無量無邊功德，亟須修習十大願王。然自力修此願王，殊為不易。比如，第一禮敬諸佛，是要求以恭敬心，平等禮敬過去、現在及未來一

■〔唐〕《普賢菩薩像幡》敦煌絹畫

切諸佛，這對於人我相未除的凡夫來說，欲禮敬未來佛（即現實中的一切眾生），甚為不易。第一願如此，其餘九願亦復如是。

是故，極樂菩薩得阿彌陀佛願力加被，方能「現前修習普賢之德」，得人法二空的般若智慧，分身到他方剎土修菩薩道，就能現前修習普賢之德。證知，極樂世界的菩薩無論是在極樂本土修行，還是遊化他方世界修行，都能在阿彌陀佛這一願平等加持之下，究竟必至一生補處。吾人得聞此願功德，自當撩衣便行，義無反顧，徑登極樂，成為淨土諸上善人之一員，何幸如之！

五、自然得聞妙法（第四十六願）

請看願文：

「設我得佛，國中菩薩，隨其志願所欲聞法，自然得聞。若不爾者，不取正覺。」

這一願意謂：我成佛時，國中菩薩隨其志願欲聽聞種種妙法，法爾自然得聞種種大乘妙法。若此願不兑現，不取正覺。

阿彌陀佛因地考察他方刹土，諸菩薩聞法機緣難遇。諸如雪山大士為求半偈（「生滅滅已，寂滅為樂」）而捨身於羅刹；常啼菩薩為求般若法，置辦供養具而賣身；見月律師為求戒法，從南至北行程二萬餘里。歷盡千辛萬苦，渴求佛法無飽足時。是故願言：我土聖眾，自然得聞無量妙法，依法修行，早獲道果。阿彌陀佛慈悲了知一切菩薩最重要的就是廣聞妙法，聞法如同空氣和陽光不可須臾或缺。法是出生一切諸佛之母，菩薩成佛為無上士，依然要以法為師。

極樂世界是法界最勝道場，自然也是聽聞佛法之殊勝處。不僅阿彌陀佛於七寶講堂大弘法化，觀音勢至二大菩薩隨時隨機為諸往生者講法，而且極樂世界的依報器界也能講經說法。比如寶池德水波擊的聲音，風吹鈴鐸的聲音，虛空樂器自然發出的聲音，乃至百寶色鳥——孔雀、鸚鵡、迦陵頻伽、共命之鳥悉皆以和雅音，演說佛法。彰顯一切皆成佛的無礙境界。國中菩薩聞法的方式，隨己意欲，或於講堂，恭肅聞法，或於樹下泉邊，以自在姿式，聞鳥說法，乃無作妙用，由心回轉。欲聞法音，自然聞到法音；若不欲聞，便寂爾無聲。自主選擇，稱心如意。而且所聞的佛法，甚合時機——藏通別圓，三十七道品，作種種的詳略開合。令聞法者，伏斷煩惱，開啟如來藏性，速證無上妙果。

阿彌陀佛變化各種鳥類講經說法，具備四悉檀利益。隨順眾生所好變化出孔雀、鸚鵡、迦陵頻伽、共命之鳥等，令得歡喜益，這是「世界悉檀」。鳥應機說法，令聞法者生起念佛、念法、念僧之善心，得生善益，這是「為人悉檀」。聞法者見到鳥這麼有智慧，不敢輕侮，對治分別下劣心，得破惡益，這是「對治悉檀」。聞法者深入思惟，鳥與自己，以及阿彌陀佛，三無差別、平等不二，得入理益（證入到真如法性），這是「第一義諦悉檀」。以此四悉檀善巧方便作法布施，令國中菩薩飽餐法味，獲種種陀羅尼。

證知，西方極樂世界之正報與依報、有情與無情悉是大善知識，以同體慈悲心、無礙辯才，弘演大乘圓頓妙法，令國中菩薩獲甚深法益，此亦是令諸往生者一生快速成佛之增上緣。吾輩於此五濁惡世聞法難，遇善知識尤不易，亟須往生極樂，熏聞大乘正法，來圓滿「法門無量誓願學」的願心。

第八章　加持淨土聖眾福慧增上

■第二十三願 一時普供諸佛願

大乘行人發菩提心已，便得修習福德智慧，具體落實於六波羅蜜（前五度為福德，後為智慧）。吾人往生極樂世界，亦是要積功累德，圓滿菩薩福慧資糧，最終臻入成佛的寶所。茲因有阿彌陀佛慈悲願力加持，令淨土聖眾福慧增上，致令成佛疾速。本章由六願法義展開：一、一時普供諸佛；二、供具自皆如意；三、菩薩演一切智；四、受經普得智辯；五、智辯無有限量；六、妙服自然在身。茲分述如下。

一、一時普供諸佛（第二十三願）

請看願文：

「設我得佛，國中菩薩，承佛神力，供養諸佛，一食之頃，不能遍至無數無量億那由他諸佛國者，不取正覺。」

這一願意謂：我成佛時，國中菩薩，仰承佛的威神力加持，供養他方無量諸佛，在一食之頃的短時間內，能同時遍至無量無數億那由他諸佛國土。若此願不兌現，不取正覺。

阿彌陀佛因地考察他方世界，見有如來座下弟子，欲供養他方無量諸佛，

■〔南宋〕佚名《燃燈佛授記釋迦文圖卷》

此沒彼出，先南後北，不能以一念、一時遍至十方大作供養，是故發願：願我佛國中諸菩薩，於一念之頃，遍至十方，供養無量諸佛，無一遺漏。阿彌陀佛加持國中菩薩廣修供養，積累福德。於諸福德田中，諸佛是最肥沃的福田，供養諸佛，功德至深。一切諸佛菩薩因地，都要勤修供養諸佛這個科目，亦為普賢十大願王之一。《金剛經》云，釋迦文佛在燃燈佛前，曾遇到過八百四千萬億那由他諸佛，「悉皆供養承事，無空過者」。由此福德，得燃燈佛為其授記。

菩薩以清淨心供養諸佛宜起六種淨心。一者福田無上心，思惟諸佛如來是無上福田；二者恩德無上心，思惟諸佛恩德浩大，一定要作供養；三者於一切眾生無上心，思惟佛是一切眾生中最高的，無與倫比；四者如優曇鉢華難遇心，思惟佛很難遇到，曇華一現；五者於世間出世間法一切具足依義心，思惟佛具足世間和出世間的一切法，能夠作依止；六者於三千大千世界獨一心，思惟諸佛悉具大慈悲心，視眾生如一子，以此清淨心，持種種供養具，尊敬供養諸佛，功德等同虛空。

這一願的主旨是「一時普供」。普供即為普遍供養，無論是對淨土的諸佛，還是對穢土的諸佛，悉以尊敬平等心供養，不得有優劣高下分別心。平等供養即為法供養，是為真法供養諸佛。其次供養的心要廣大。誠如《普賢行願品》所云，「所有盡法界、虛空界，十方三世一切佛剎極微塵中，一一各有一切世界極微塵數佛，一一佛所，種種菩薩海會圍繞」，面對這樣無量的微塵數的諸佛發供養心。由於所供諸佛之境廣大，一般菩薩沒有同時遍至的能力，所以亟須仰承阿彌陀佛威神願力加持，方可成辦如是特殊供養。

彼國菩薩到他方世界供養諸佛有三種方式：一者，承佛神力，皆於晨朝，分身散影，同時前往他方佛國大興供養。二者，國中天人聖眾，欲供無邊諸佛，神力或有不濟，阿彌陀佛稱性發「諸佛舒臂受供願」（見《壽經》宋譯本第二十願），願云：「我得菩提成正覺已，我居寶剎所有菩薩，發大道心，欲以真珠、瓔珞、寶蓋、幢幡、衣服、臥具、飲食、湯藥、香華、伎樂，承事供養他方世界無量無邊諸佛世尊，而不能往。我於爾時，以宿願力，令彼他方諸佛世尊，各舒手臂，至我剎中，受是供養，令彼速成阿耨多羅三藐三菩提。」三者，令諸供養具自至他方諸佛前。國中聖眾，因他方諸佛舒臂受供，滿其心願，然國中菩薩又思惟，如他方諸佛展臂至此受供，劬勞諸佛，令我無益。作是念時，阿彌陀佛又以神力，令此供具自至他方諸佛面前，一一供養。（《壽經》宋譯本第二十一願）可見阿彌陀佛，為成就國中菩薩一時普供他方無量諸佛，增益其福德善根，所發願目，細緻周詳。供養諸佛成為國中菩薩每天的修行，供養無遠弗屆[一]的無量諸佛。阿彌陀佛又威力加持，令諸菩薩，即以食前（日未中）還歸極樂本土，飯食經行。

國中菩薩供養他方諸佛，為佛獻華，意在得到佛殊勝相好，表真因會趨極果。果德無不遍故，供養亦不遺漏。以菩薩因地之華，莊嚴佛果。並以此供養功德迴向，成就妙覺華台，放光照觸，警覺人天離開五欲幻樂，修行佛道。供養鬘，意在得到寶冠；供養音樂，意在得到佛的法音；供養寶蓋，意在覆蔭眾生；供養衣服，意在得到佛衣，忍辱柔和；……極樂菩薩以此供養福德增上菩提心，

一、無遠弗屆：不管多遠之處，沒有不到的。

願早證佛果，利益安樂一切眾生。

二、供具自皆如意（第二十四願）

請看願文：

「設我得佛，國中菩薩，在諸佛前，現其德本，諸所求欲供養之具，若不如意者，不取正覺。」

這一願意謂：我成佛時，國中菩薩承佛威神，遍至他方諸佛前，顯現種種瑞相。諸所求欲供養具，諸如香華、幢幡、寶蓋、音樂、宮殿等自然化生，應念即至。若此願不兑現，不取正覺。

阿彌陀佛因地考察他方佛國，見有諸佛弟子，遇佛出世，生稀有難遭之想，甚欲供佛，然福薄業貧，無力置辦，心懷懊惱。是故願言：我土菩薩，於諸佛所，顯諸瑞應，種種供養具，隨意現前。全攝佛福德為自福德。生佛一體，妙感難思。

「國中菩薩，在諸佛前，現其德本」，意謂：極樂菩薩至他方佛前，會呈現種種瑞相。諸如國中菩薩散華供佛，其所散華，變成華蓋，華蓋小者，滿十由旬，

■〔北魏〕《禪定佛》敦煌第259窟

漸次大者，乃至三千大千世界，若不更以新華重散，前所散華，終不墮落。此皆阿彌陀佛本願加威，及自己宿世曾供養如來，善根相續所致。

彼國菩薩各以清旦，遍至他方佛國，供養無量百千諸佛，隨所希求種種華鬘、塗香、末香、幢幡、繒蓋、樓閣及諸音樂等，以佛神力，皆現手中，供養諸佛。如是供具，廣大甚多，無數無邊，不可思議。

一一供養具悉皆成為廣大雲海，一一供養悉能得廣大果報。供養香，得五分法身之香；供養燈，得佛的般若智慧光明；供養微笑，得到佛的憐憫；供養歌曲、歌歎、梵唄，得妙法音；供養舞蹈，得諸神通；供養種種寶樹，得菩提覺樹；供養種種幢，得雨種種珍寶，普濟眾生；供養種種鈴鐸，得眾生歸敬；供養種種華，得上妙容貌；……以無量種種供養具於佛前廣作供養，悉能感得無量無邊勝妙果報。

佛是證得無我實相者，並不貪着眾生的供養。佛為一切行人提供種福田、破慳吝的機會。消歸自性上來說，自性自莊嚴即供養之義。自性具含萬德，以此萬德莊嚴現前一念心，而又不執着此德，德無所德，莊嚴即非莊嚴，是名真供養，是名法供養。諸供養中，法供養為最。

廣修供養是普賢十大願王中的重要科目，阿彌陀佛這兩願就是幫助國中菩薩圓滿成就此無盡供養。而我等眾生欲於此土供養諸佛，了不可得。是故，欲現前修習普賢行願，亟須求生安養。於極樂世界，得阿彌陀佛威神願力加被，就能同時遍至他方無量世界供養覲見無數諸佛。恭敬供養讚歎諸佛已，便能聆聽諸佛轉妙法輪，得種種聞持陀羅尼，證種種三昧，蒙諸佛慈悲授記。供養十方諸佛功德大矣哉！

三、菩薩演一切智（第二十五願）

請看願文：

「設我得佛，國中菩薩，不能演說一切智者，不取正覺。」

這一願意謂：我成佛時，國中所有菩薩悉能演說一切智。若此願不兌現，不取正覺。

阿彌陀佛因地考察他方佛國，或菩薩聖眾，雖能以神通遍至十方，歷事供養，然智慧未能圓滿，不善談法要。是故願言：我成佛時，國中菩薩，說經行道，悉皆如佛，至他方諸佛國，演說一切智，建大法幢，擊大法鼓，廣度一切眾生。而此願「一切智」是指佛的智慧。如來智是斷盡一切無明煩惱，現量親證法界實相，無所不知的智慧。誠如《壽經》云：「如來定慧，究暢無極，於一切法而得自在。」（魏譯本）又云：「八方上下，去來現在，其中間曠絕甚遠，悠悠無窮無極。佛智亙然甚明，探古知今，前知無窮，卻睹未然，豫知無極，都不可復計，甚無央數，佛威神尊明，皆悉知之。佛智慧道德合明，都無有能問佛經道窮極者。佛智慧終不可斗量盡也。」（漢譯本）佛的智慧又具體體現為十力、四種無畏、四無礙辯、十八不共法等功德海中。

佛智如海，深廣難測，唯佛與佛方能究盡。然極樂菩薩卻能了知佛智，而且還能稱性宣說一切智，講經說法皆如佛。《壽經》宋譯本談阿彌陀佛因地發願：「我得菩提成正覺已，我剎土中所有菩薩，皆得成就一切智慧，善談諸法祕要之義，不久速成阿耨多羅三藐三菩提。」（第十八願）證知，阿彌陀佛大願威神力加持不可思議。

大乘佛典處處昭示：如來智、自然智、廣大智、無師智，乃是一切眾生本自具足的。只因有兩種障礙，一者煩惱障（見思惑），二者所知障（塵沙惑、無明惑），全體障蔽了如來智。阿彌陀佛即從眾生自性原點上，予以加持，令國中菩薩二障圓消，獲妙微密性淨明心，得清淨五眼。「天人不動眾，清淨智海生」（《往生論》）大眾功德，即寓示着此不可思議慧命緣起。佛種從緣生，阿彌陀佛提供往生彼國蓮華化生之勝緣，即開啟了國中菩薩本具的如來智。是故，彼極樂界諸菩薩眾，所說語言與一切智相應，於禪定覺分，善能演說，恆常於無上菩提，勤修敷演。肉眼發生，能有簡擇；天眼出現，鑒諸佛土；法眼清淨，能離諸着；慧眼通達，到於彼岸；佛眼成就，覺悟開示，生無礙慧，為他廣說。自覺覺他，積累菩薩智慧德業，不久，當證無上正等正覺。阿彌陀佛於國中菩薩慧業之加持，妙德難思。

四、受經普得智辯（第二十九願）

請看願文：

「設我得佛，國中菩薩，若受讀經法，諷誦持說，而不得辯才智慧者，

不取正覺。」

這一願意謂：我成佛時，國中菩薩，於諸經法若受持、若讀、若諷誦、若憶持、若解說，悉能獲得無礙辯才與智慧。若此願不兑現，不取正覺。

阿彌陀佛因地考察他方世界，發現四眾弟子或聞佛說法，因業障所蔽，不能快速得辯才智慧；或雖有修行，如周利槃陀伽，卻魯鈍無記憶；或如羺羊僧，無能弘宣佛說；或與外道論師辯論，每墮負處，令佛教蒙羞。「擊犍椎塔」的因緣公案中，善辯外道禁抑僧眾不得擊犍，即為佐證。所以興大悲願：我成佛時，國中菩薩具無礙辯才，有深廣智慧，堪能光大佛教，住持法道，續佛慧命。

這一願透露開發辯才智慧的方法。《法華經・法師功德品》亦云，「受持是《法華經》，若讀、若誦、若解說、若書寫（即五種法師——註）」，當獲六根清淨，顯發種種功德。其千二百舌功德，能令持經法師，「於大眾中有所演說，出深妙聲，能入其心，皆令歡喜快樂」。此為舌根辯才。其千二百意功德，能令持經法師，「以是清淨意根，乃至聞一偈一句，通達無量無邊之義。解是義已，能演說一句一偈，至於一月、四月，乃至一歲。諸所說法，隨其義趣，皆與實相不相違背」。「有所思惟、籌量、言說，皆是佛法，無不真實，亦是先佛經中所說。」（此為意根智慧）。此世間受持《法華經》的五種法師，尚且能開顯如是辯才智慧，極樂世界菩薩得阿彌陀佛願力加被，其受持經法所獲辯才智慧，當更為勝妙。

此願開顯得辯才智慧的方法，凡有五種。

一者受持，由阿彌陀佛或諸大菩薩，乃至無情器界授與經法，國中菩薩由信力故受，念力故持。此經法乃佛佛相傳之慧命，開發藏性之法寶，伏滅煩惑之妙方。

二者讀，看文為讀。宜以恭敬心、無分別心去讀，如對聖容。從首至尾，一直誦去，要不緩不急，不疾不徐。覺明妙行菩薩開示，有七種情形不宜持經：「所謂心昏散不持，有過犯不持，入不淨處後不持，飲酒後不持，人擾不清淨不持，有事將作未作不持，心別有記憶不持。……誦至純熟，即於觀心中持之。果能如是，則功德不可思議，果報不可思議。」（《西方確指》）此為經驗之談，吾人當服膺踐行。

三者諷，梵音吟經，有音樂韻律、節奏，能歌詠讚歎，抑揚頓挫，清暢哀雅，感人肺腑，增強記憶力與理解力。

四者誦，背文不忘為誦。古人心清淨，記憶力強，如鳩摩羅什，日誦千偈；道安大師閱經，過目不忘；佛陀耶舍暗誦梵筴，翻譯《四分律藏》六十卷，一百餘萬字；龍樹菩薩暗誦《華嚴》十萬偈。極樂菩薩契入人我二空，其心清淨，猶如雪山，得聞持陀羅尼，其所誦佛經當有十不可說、不可說佛剎微塵數偈品。五者解說，經由讀誦經典，理解法義，廣為他人宣說。極樂菩薩善能說法，言辭巧妙，常勤演說，利益眾生。其所說言，令眾悅伏，以智慧力，建大法幢，吹大法螺，擊大法鼓，為大法將，住勝智境，赫奕慧光，智慧辯才，善根圓滿。

彼國菩薩以如是五法開發辯才智慧，吾人亦可步武芳躅，受持大乘經典，諸如淨土五經、《華嚴經》、《法華經》、《楞嚴經》，每日讀誦、禮拜、書寫，有機緣為人宣說經文法義，教學相長，師資道合。

又六字洪名乃無上大經王。一心持名，淨念相繼，入一行三昧，自得辯才智慧。文殊菩薩開示：「繫心一佛，專稱名字，隨佛方所，端身正向，能於一佛念念相續，即是念中，能見過去、未來、現在諸佛。……若得一行三昧，諸經法門，一一分別，皆悉了知，決定無礙，晝夜常說，智慧辯才終不斷絕。」（《文殊師利所說摩訶般若波羅蜜經》）文殊菩薩以根本智修一行三昧、一相三昧，即是開發智慧辯才之勝妙方法。

吾輩淨業行人，於此濁世，大多智慧短淺，辯才譾劣，欲兼具智慧辯才，亟須效法極樂世界的菩薩，受讀經法，諷誦持說。常常讀誦大乘經典，一向專念阿彌陀佛名號，隨分隨力弘揚淨土法門，如是久久，自然開發般若智慧，顯現無礙辯才，俾令正法久住，慧燈常明。

五、智辯無有限量（第三十願）

請看願文：

「設我得佛，國中菩薩，智慧辯才，若可限量者，不取正覺。」

■〔隋〕《文殊菩薩像》敦煌 277 窟

這一願意謂：我成佛時，國中菩薩智慧辯才無有限量。若此願不能兑現，不取正覺。

阿彌陀佛因地，考察他方諸佛刹土，見諸佛座下的聲聞菩薩大眾雖然也有一定的智慧辯才，尚有限量，或不能應對維摩詰大士的詰難，或與外道辯論，墮在負處等。是故發願，要令我刹土的菩薩悉具無邊智慧與無礙辯才。為諸眾生通達法藏，弘宣正法，普度羣萌。

此智慧即是般若，般若即是諸法空性，通達真如法性。菩薩以無所得為方便，行甚深般若波羅蜜多。般若無知，又無所不知；般若無為，又無所不為。般若非空非有，離四句，絕百非，畢竟空無所有，空空亦空，一空到底。般若圓頓高妙，般若波羅蜜乃出生一切世出世間善法之母。

摩訶般若波羅蜜，體達諸法空性，超越對待，於絕待圓融中，顯現般若。阿彌陀佛啟發國中菩薩智慧——因自性無量故，智慧亦無量。因智慧無量故，辯才亦無邊。

菩薩行般若波羅蜜能生起七種辯才。

一者捷疾辯。應對敏捷，有問必答，無有障礙。

二者利辯。語言表達的法義深刻。

三者不盡辯。稱性演說諸法實相無邊無盡。

四者不可斷辯。般若廣談實相真諦，無諸戲論，沒有人能夠問難阻抑。如脅尊者立論，令馬鳴默然無對，墮在負處，依約作弟子。維摩詰居士以默然無言，乃真入不二法門。

五者隨應辯。得般若波羅蜜的菩薩人法二空，斷法愛故，隨諸眾生的根機說法。

六者義辯。菩薩所說的悉為趣向大涅槃利益之事，不說無益無利戲論之言。

七者世間最上辯。稱性說一切世間第一之事——大乘摩訶衍。諸佛本懷，唯說一乘法，蓮宗念佛往生極樂世界快速成佛，即是彰顯一乘法的精髓。

般若能夠攝菩薩的七種辯，然以勝義諦而論，無有說者、聽者。因說者聽者自性本空，不可得故。於畢竟空、無所得中，離開一切心意識，顯發無作妙用，智慧辯才無有限量。

可見，智慧辯才，我等眾生本自具足，不由外得。阿彌陀佛本願威神力，亦是令國中菩薩悟證妙明心性，使本具之智慧辯才現前，利益安樂一切眾生。阿彌陀佛對國中菩薩菩提慧業之加持，妙德難思。

六、妙服自然在身（第三十八願）

請看願文：

「設我得佛，國中天人，欲得衣服，隨念即至，如佛所讚應法妙服，自然在身。有求裁縫擣染浣濯者，不取正覺。」

這一願意謂：我成佛時，國中天人意欲獲得衣服，隨其意念，衣服即時披身，如同佛所讚善根深厚求出家者「善來比丘」，袈裟自然在體一樣。在我國，衣服飾物無須裁剪、縫紉、舂搗、染色、浣洗，一切隨心現成。若此願不兌現，不取正覺。

阿彌陀佛因地考察他方世界，見到諸多眾生一輩子為衣食故，奔波忙碌，甚或競爭、搏鬥、戰爭，弱肉強食，相互食啖，造作惡業，墜墮惡道；或因生計所迫，忙碌事業，無暇修道。是故願言，我土聖眾，受用自然，一切衣食住宅諸資生用具，隨念即至。以阿彌陀佛果地福德全體恩賜於國中天人聖眾，用作諸往生者安心修道之增上緣。

國中天人，形貌端正，福力具足，其資生用具略標有三：一者服飾。自然披體的上妙衣服，為七寶的質料，光色絢麗，質感柔軟，各種款式，種種珍寶光色的不同組合，應念現前，且一一珍寶，具百千種妙香。又有寶冠環釧，耳璫瓔珞，華鬘帶鎖，諸寶莊嚴，無量光明，百千妙色，悉皆具足，自然在身，

雍容華貴，儀態萬千，令人瞻仰，目不暫瞬，心生恭敬。二者飲食。若欲食時，七寶鉢器，隨意而至，百味飲食，自然盈滿。雖有此食，實無食者，但見色聞香，意以為食，自然飽足，身心柔軟，無所味着，色力增長，而無便穢，事已化去，時至復現。三者所居舍宅，宮殿樓閣等，稱其形色，高下大小，或一寶二寶，乃至無量眾寶合成。及諸牀座，妙衣敷上，以種種寶而嚴飾之，在眾生前，自然出現。又有園林、寶池、行樹，與宮殿協調安置，郁蔥茂盛，種種莊嚴具，諸如：香華瓔珞，真珠寶網，懸諸寶鈴，周遍嚴飾，隨意所須，悉皆如念，譬如他化自在諸天。此乃心能轉物，即同如來之妙境界相。亦暗合愛因斯坦質能互變公式 $E=mc^2$ 的原理。此土科技，能令質量轉化為能量（如原子彈、氫彈等），尚不能令能量轉換為質量。而彼極樂國，種種資生用具，隨念即至，即是能量轉換為質量的良佳範本。

■〔唐〕張萱《搗練圖》

國中天人，一切資生用具，悉皆隨念而至，便無生存壓力，不必為衣食去奔波忙碌，唯修上求下化之菩薩道。此情景轉用古人的話，即為「相忘於有餘，自得於佛道」。就像水中魚，水多時，各自游玩，不相來往，只是水乾涸了，牠們才相濡以沫，時境使然。一旦水來了，魚回歸深水，彼此相忘了。極樂天人亦復如是，不必為衣食利益，結黨營私，乃以無所得心，修行大乘佛法，相忘自得於佛道，得大自在。反觀我等眾生，在此濁世為獲點生存資源，辛苦萬端，受人管束，身心不自由，修行無閒暇，與極樂天人相比，何啻天淵之別。如是，若不勵修淨業，矢志蓮邦，豈不非愚即狂。淨業同仁，宜各勉旃。

第九章　普攝他方眾生離苦得樂

■〔北齊〕《阿彌陀佛坐像》響堂山石窟

阿彌陀佛契證一相無相之平等法性，油然興起無緣大慈、同體大悲，視十方一切眾生等同一子。大悲願光遍一切處，令蒙光照觸之有緣眾生，離兩種生死之苦，得大涅槃寂靜真常之樂。尤其是對苦難眾生的護念加持，更為周全縝密。阿彌陀佛以大平等心，慈佑法界所有眾生，不僅僅限於極樂世界之天人聖眾。本章即由四願法義展開：一、蒙光觸身獲益；二、皆得法忍總持；三、信樂永離女身；四、歸依感動天人。茲分述如下。

一、蒙光觸身獲益（第三十三願）

請看願文：

「設我得佛，十方無量不可思議諸佛世界眾生之類，蒙我光明觸其身者，身心柔軟，超過天人。若不爾者，不取正覺。」

這一願意謂：我成佛時，十方無量不可思議諸佛世界眾生之類，仰蒙我光明照觸其身，身心柔軟，超過天人。若此願不兑現，不取正覺。

阿彌陀佛因地考察他方世界，見有剎土，佛光亦遍照，然眾生得益的不多。至於世間，亦有日月星三光，近代以來，又出現了電燈，雖有照明之用，然都不具靈明覺性，不能除去眾生內心的無明煩惱，心性利益甚微。近代出現的人造光源、電燈等，甚或於身心有負面效應，即所謂「光污染」。是故阿彌陀佛發願，佛光周流十方無量世界，光明運載四十八願之信息，令十方九法界眾生，蒙光照觸，悉能獲得離苦得樂之勝妙利益：令眾生伏煩惱，破無明，顯佛性，解脫一切身心憂苦，成就無上正等正覺。

阿彌陀佛威神光明最尊第一，諸佛光明所不能及。表現有三：

一者，阿彌陀佛光明所照區域最廣，超勝諸佛光明。諸佛光明所照範圍何故有近遠呢？本其因地作菩薩時，所願功德各自有大小，至其然後作佛時，各自得之，是故令光明轉不同等。

二者，阿彌陀佛光明極善極尊，其中內具十二種妙德，亦稱十二光如來。《壽經》云：「是故，無量壽佛號無量光佛、無邊光佛、無礙光佛、無對光佛、炎王光佛、清淨光佛、歡喜光佛、智慧光佛、不斷光佛、難思光佛、無稱光佛、超日月光佛。」（魏譯本）此十二光妙德加被眾生，令得破惡生善之益。無量光拓展眾生狹小的心量；無邊光令眾生遠離邊見，獲中道正見；無礙光消除眾生種種業障；無對光超越對待，令眾生入不二法門；炎王光直透阿鼻地獄，令地獄眾生蒙光照攝得解脫；清淨光對治眾生的淫欲；歡喜光對治眾生的瞋恚；智慧光對治眾生的愚痴；不斷光對治眾生懈怠放逸；難思光令眾生執持名號，水清月現；無稱光令眾生體認故鄉風月；超日月光令眾生顯發自性般若。阿彌陀佛將此十二光妙德，凝聚於六字洪名，於生死苦海撈摝眾生，信為「巨網」。

三者，阿彌陀佛光明，焰照十方無央數世界，普攝九法界眾生，尤其是六道凡夫，乃至三惡道眾生。其有世間人道眾生，值遇阿彌陀佛光明照攝，淫怒痴三毒煩惱自然伏滅，業障消除，淨業善根萌發，信願稱名，為人中分陀利，心遊淨域，名標蓮蕊。非天人福德所能比擬，故云「身心柔軟，超過天人」。又諸天人由身心柔軟程度不同，相應得四禪八定之安樂。然念佛人信願稱名，由佛力加被，全攝佛功德為自功德，香光莊嚴，其身心柔軟安樂，亦超過天人、世間禪定之樂。誠如經云：若人但念阿彌陀，是名無上深妙禪。又有天、龍、夜叉、乾闥婆、阿修羅、迦樓羅、緊那羅、摩睺羅伽、人非人等，見此光明，發菩提心，獲利樂故。又有地獄、禽獸、餓鬼拷掠勤苦之處，見阿彌陀佛光明至，皆休止，不得復治，死後皆得解脫憂苦。

阿彌陀佛光明威德無邊，以上三點只是略標。為此，不僅釋迦牟尼佛稱揚讚歎阿彌陀佛光明功德，乃至十方一切諸佛、聲聞緣覺、諸菩薩眾，咸共歎譽，亦復如是。

吾人信順本師釋尊之稱譽，自應至誠稱念六字洪名，至心不斷，隨意所願，得生其國。於此世間，感應之事與理，極為深奧，又極為平常，乃最高深學問所在。蒙光觸身獲益，即是生佛感應道交之不可思議現象，不是分別思量的範圍。阿彌陀佛光明，遍照十方念佛眾生，攝取不捨，說明彌陀光明平等中亦法爾自然地具選擇性。若信願稱名，即可蒙彌陀光明威德攝受，生佛相感而心有所動為「觸」，就像接通電源一樣；若無信願稱名，則感「觸」不到彌陀光明，信心良知無動於衷，全體是無明妄心、黑漆桶一個，便得不到任何利益。是故，就淨土法門而言，必得要以信心為方便，老實稱念佛號，方可蒙阿彌陀佛光明照觸，身心安樂，超過天人。可見，信願稱名，不唯能得出世間終極大利，亦可得世間當下利益。何以故？一則念佛能令身安樂，若身體有疾病，通過念佛，感通佛光，可消業障，激活人體大藥（免疫系統），令五臟六腑、陰陽五行平衡協調，令身體得以康復。古往今來，念佛治愈種種疾患的例子，不勝枚舉。二則念佛能令心安樂。吾人出於濁世，心不安寧，煩躁亂動，演變為抑鬱、狂躁失眠等心理病症。通過念佛，能令內心光明，開發般若智慧，覷破世間一切如夢如化，回歸自性覺海，寂靜真常，不僅能令心理疾患化解，進而心得輕安，法喜充滿。身為苦本，心為惱端，我等眾生能獲安樂，全由信願稱名。

《壽經》（漢譯本）記載，阿難及與會大眾，蒙釋尊加被，令見極樂世界阿彌陀佛。阿彌陀佛大放威神光明，遍照十方無央數佛國，諸無央數天人民，及蜎飛蠕動之類，皆悉見阿彌陀佛光明，莫不慈心歡喜作善者。諸有地獄、禽獸、餓鬼，三惡道眾生，於考治勤苦之處，蒙佛光照觸，則皆休止不復治，莫不解脫憂苦者。諸有盲者，則皆得視；諸跛躄蹇者，則皆得走行；諸病者，則皆愈起；諸尪者，則皆強健；諸愚痴者，則皆更黠慧；諸有淫泆者，皆修梵行；諸瞋怒者，皆悉慈心作善；諸有被毒者，毒皆不行。鐘磬琴瑟，箜篌樂器，諸伎不鼓，皆自作五音聲；婦女珠環，皆自作聲；百鳥畜獸，皆自悲鳴。當是之時，莫不歡喜，得過度者。證知，九法界一切眾生離苦得樂，悉皆來自阿彌陀佛慈悲光明之加被。噫，阿彌陀佛光明恩德，大矣哉！

二、皆得法忍總持（第三十四願）

請看願文：

「設我得佛，十方無量不可思議諸佛世界眾生之類，聞我名字，不得菩薩無生法忍、諸深總持者，不取正覺。」

這一願意謂：我成佛時，十方無量不可思議諸佛世界，各別種類的眾生，聞信我的名號，悉能證得菩薩無生法忍，獲得諸多甚妙深廣之總持。若此願不能兌現，不取正覺。

阿彌陀佛因地見到他方世界諸佛，雖名號內涵亦深邃悠遠，然聞者獲法益者少。是故願言：十方無量眾生，聞我至德名號，即能契入大乘實相，證無生法忍，獲諸深陀羅尼。類似於大鵬金翅鳥食啖海中之龍，目光犀利，鎖定目標。巨大翅膀撥開海水，直取龍子，無有差錯。阿彌陀佛名號功德導向大乘法益，亦復如是。

此願及以下數願，專談聞名功德。於此，吾人宜對阿彌陀佛名號，即「無量光壽」，要有深切的認知。無量光即真實智慧，無量壽即無為法身，光壽寂照不二即是實相，即是一真法界，即是如來藏性。是故，阿彌陀佛名號體性即是實相。而聞佛名號的眾生現前一念亦具無量光壽性德，亦是真實智慧無為法身之實相。眾生能信之心和所信的佛德名號同質互映，函蓋相符，以空印空，似水投水。以阿彌陀佛名號之本質境，帶起眾生性具無量光壽之影像境，託彼名號，顯我自性，即可契證無生法忍。大勢至菩薩專修念佛三昧，不假方便，自得心開，即為此類。

《大智度論》云：「無生法忍者，乃至微細法不可得，何況大，是名無生。得是無生法，不作不起諸業行，是名得無生法忍。得無生法忍菩薩，是名阿鞞跋致。」（卷七十三）

阿鞞跋致是破一品無明的菩薩所證的位次，又云不退轉位。圓教初住、別教初地還只是初得無生法忍，若究竟得無生法忍，那是八地以上的水平了。

隨順他方世界「眾生之類」的不同根機，此願中的無生法忍或可有三種情形。第一種情形是在凡夫位相似無生法忍。《觀經》中韋提希夫人得釋迦彌陀兩土世尊加持，見到住立空中的西方三聖，光明熾盛，心生歡喜，豁然大悟，得無生法忍。善導大師將此無生法忍詮釋為喜忍（信心歡喜，得往生益），亦名悟忍（覺悟彌陀大願威神力），亦名信忍（信可一念感通，即得往生）。此三忍為信位凡夫韋提希所得，屬相似無生法忍。第二種情形是屬於解行以上的——三賢十地的無生法忍。他方世界善根深厚的菩薩，一聞阿彌陀佛的名號，以念佛心，入無生忍，頓破無明，獲證阿鞞跋致。四明法智大師認為《觀經》韋提希夫人「豁然大悟，逮無生忍」，以凡夫心聞十六觀，即聞即修，頓入圓教初住地。「豁然大悟」，開悟通觀行位及相似位，是故能云「逮無生忍」。彰顯此大悟，確然生分真位[一]，乃真實獲證破無明之無生法忍。此與善導大師的詮釋稍有區別。（參見《觀經疏妙宗鈔》）第三層次就是究竟圓滿的無生法忍——深位菩薩聞阿彌陀佛名號即能成就無上正等正覺。誠如蕅益大師所云：「故一聲阿彌陀佛，即釋迦本師於五濁惡世，所得之阿耨多羅三藐三菩提法。今以此果覺全體授與濁惡眾生，

一、分真位：即分證位。

乃諸佛所行境界，唯佛與佛能究盡，非九界自力所能信解也。」（《彌陀要解》）意謂，釋尊於菩提樹下，乃是持念阿彌陀佛名號而成就無上佛果的。今以此成佛之法，全體授與五濁惡世的眾生，此乃諸佛所行的境界，唯佛與佛才能了知念佛

■佚名《西方接引圖》

成佛之奧妙，九法界眾生靠自己的信解之力不能相信、不能理解。蕅益大師乃開佛知見之大祖師，結合此願來看蕅祖之判言，可謂言之有據，直將彌陀名號之大不可思議功德和盤托出，真實不虛。

舉法界圓融不思議體，作六字洪名。是故，阿彌陀佛名號功德猶如大海，不同根機的眾生，隨其容器的大小，可以得到相應的滿足，而名號功德海不增不減。由於六字洪名即總持陀羅尼，十方菩薩聞信受持阿彌陀佛名號，亦能獲致總持（陀羅尼）功德，謂持善不失，持惡不生。以種種深妙總持，或多字，或一字，或無字等無量陀羅尼，契入離生正位，直至圓滿阿耨多羅三藐三菩提。

三、信樂永離女身（第三十五願）

請看願文：

「設我得佛，十方無量不可思議諸佛世界，其有女人，聞我名字，歡喜信樂，發菩提心，厭惡女身。壽終之後，復為女像者，不取正覺。」

這一願意謂：我成佛時，十方無量不可思議諸佛國中，所有女人，聞信我阿彌陀佛的名號，得清淨信心，發上求佛道、下化眾生的菩提心，厭惡憂患女人的身體，此女人或當生往生淨土，或來世轉女成男，不再作女人身相。若此願不兑現，不取正覺。

阿彌陀佛因地，睹見他方刹土諸多女人被煩惱所纏，業障所縛，所受痛苦比男子尤深，由多生多劫的習氣，諸如嫉妒、虛榮、狹隘、吝嗇、搬弄是非，女人欲轉為男身尤難。如彼釋迦菩薩示現，經過一大阿僧祇劫的勤苦修行，漸離女身，可見自力轉女成男之難。如彼釋迦菩薩示現，經過一大阿僧祇劫的勤苦修行，漸離女身，可見自力轉女成男之難。是故阿彌陀佛悲心加持十方世界苦惱女人，令其聞信佛名，生發菩提善根，厭離女身。臨命終時，或徑登安養，蓮華化生，如佛之相好；或來世於此土或他方世界，轉女成男，得人天福報。

可見，聞信阿彌陀佛名號，歡喜信樂，發菩提心，厭惡女身，是轉女成男的必要條件。聞名生信，需要宿世善根；發菩提心，需要深廣向道之心。尤其厭惡女身，更須甚深智慧。一般女人身見重，愛戀自己的身體，每天梳妝打扮，希望引起男人的注目，滿足其虛榮心。要深刻如實地觀照女人種種身過，臭穢不淨，八十四態，迷惑於人，妨礙修道，等等，油然而生厭離之心。

女人由種種煩惱故，不得作五種領導：一者，不能作大梵天王。因梵王須清淨離欲，而女人垢染欲心重故。二者，不得作忉利天王。帝釋恆少欲，而女人多欲故。三者，不得作魔王。波旬意志力剛強，而女人性格柔弱、怯懦故。四者，不得作轉輪聖王。轉輪聖王仁愛一切，而女人嫉妒心強故。五者，不得作佛。成佛須萬德莊嚴，而女人煩惱莊嚴故。故應觀照女人是眾苦本，是障礙本，是憂苦本，十方世界有女人處，即有地獄。

《玉耶經》開顯女人有十種可厭惡事：第一，出生的時候父母不喜歡；第二，養育女兒無滋味，沒甚麼盼頭；第三，女子常常畏懼人；第四，父母一直要為女兒的婚嫁之事擔憂；第五，終究要離開父母，生相離別；第六，出嫁之後害怕丈夫，視丈夫的喜怒和眼色行事，不能自主；第七，懷孕很辛苦，生產也很痛苦；第八，年幼時為父母所管制；第九，中間階段為丈夫所管制；第十，年老後為兒孫所呵斥。這些都是自業所感，要生厭離心。但厭離心一般不容易生起來。曾經有參加百萬佛號閉關的女居士分享說，通過十天念佛，才發現作為女人很不好，厭惡之心出來了；如果不念佛，還沾沾自喜，覺得作女人很不錯。

現生轉女成男的公案，也偶有出現。佛陀在世時，舍衛國中，善信長者有個十五歲的女兒，為人慈孝，智慧博達，少小不好樂世俗生活。思惟一切法無常，不願意結婚成家，認為這些都是輪迴的根本，一心發願要清白，要解脫。由於心很真切，就感得天神教化。天神告訴她，如果發這個願，就應當歸依西方安隱世界（即極樂世界）阿彌陀佛。這位善信女聽聞後，如教奉行，一心歸敬阿彌陀佛。這一歸敬就有感應了，大地為之震動。不僅她自己，包括家人、周邊有緣眾生的困苦都得以解脫。雖然如此，帝釋天仍要考驗她是否真有出離之心，於是就變化成一個十八九歲的美男子來誘惑她。善信女不為所動，一心正念，訶斥色欲，帝釋天讚歎她。後來，感得佛與大眾飛行到善信女家。善信女至誠禮佛，佛便放光微笑，為她授二十四條戒。善信女聞已，馬上就證得七住，在佛前化身為男。這是發大菩提心、現身轉男的公案。

清朝的袁枚撰《子不語》，記載一女轉男的事情。乾隆四十六年（1781年），長沙西城有一位姓安的軍官，有一個五歲的女兒，送給張守備家作童養媳。姑婆很嚴厲，常常打這個小女孩。小女孩不堪虐待，十三歲時逃回了家。於是雙方最後達成協議，等出嫁的年齡到了，安家再將女孩送回去。到了十七歲要婚嫁時，女孩終夜哀泣，向天神磕頭禱告求速死，堅決不願出嫁。母親見她如此，非常憐憫，就對她說：「你這樣徒然地哭泣求死也沒有甚麼利益，如果能求天神將你的身體變為男身，那就可以不必出嫁了。」聽了母親的提醒，她就去求。至誠感天，當天晚上她就做了個夢，夢見一位老人拿着兩紅一白共三個藥丸子，送入她口中後就離開了。醒來之後，她覺得小腹非常熱，喉部也很疼痛，不一會兒，就變成男人的身體了。張守備家聽說後，懷疑此事是安家為賴婚而捏造的，就告到了官府。官府驗身後確認，是真的變成了男人。官員就命安家用原先準備的嫁妝另聘一個女子給張家的兒子為妻，並且當堂令安家的女兒放腳剃髮，改換男裝而去。

從心性本體而言，男身女身悉為幻相。《維摩詰經》記載，於時維摩丈室有天女來散華供養，華散到諸菩薩身上自然落地，不沾身，然華散到舍利弗等諸聲聞身上，粘着於身不能脫落，舍利弗等聲聞想要把身上的華撥落掉。天女就問舍利弗：「為甚麼要把華去掉呢？」舍利弗回答：「這些華粘身不如法。」因比丘戒律規定不能着華鬘，故云不如法。天女說：「不是華不如法，乃仁者心有分別。諸菩薩華不着身，因為他們已經斷了一切分別想。」意謂有分別心害怕某

■〔日本江戶時代〕清原雪信《飛天》

物，即為法縛，菩薩照見諸法空性，故華不着身。舍利弗轉而詰問天女：「汝何以不轉女身？」天女回答：「我求女人相了不可得，叫我怎麼轉？」爾後天女使神通把舍利弗變成天女的樣子，而自己則化身為舍利弗，反詰問舍利弗：「何以不轉女身？」舍利弗說：「我今不知何轉而變為女身。」天女回答，男身女身了不可得。體性無二無別，所謂的男身、女身都是業力幻相。

阿彌陀佛即是從心性平等無差別處，加持十方世界一切女人，破除業力幻相，回復萬德莊嚴之如來身。若諸女人信願念佛，臨命終時，感得阿彌陀佛與諸聖眾現前迎接，佛光注照，攝受其神識到蓮台上。此蓮台即是轉女成男之玄宮。蓮華化生，此女人便具三十二大丈夫相，八十隨形好，就不是一般的轉女成男之利益，乃是頓然獲得萬德莊嚴之如來身。其不可思議功德利益，誠如省庵大師所云：「不用三祇修福慧，但將六字出乾坤。」（《勸修淨土詩》）

是故女人切莫錯過這一世聞信淨土法門之極好機緣。正因為女人煩惱重、痛苦深，更易激發她一心歸命的信心。佛陀曾懸記，末法時，女人精進，往生的概率大。《淨土聖賢錄》記載往生公案，女眾往生者超過男眾。

倓虛法師《念佛論》中記載一位女居士往生的例子。這位女居士姓張，青島人，家境很貧寒，丈夫在碼頭拉車為生。張氏很有善根，平素在家念佛，每次倓虛法師到湛山精舍講經，她都帶着兩個孩子去聽經，然後和大家一起念佛。到了民國二十六年（1937年）冬，有一天清早她對丈夫說：「你好好領着孩子過吧！我今天要往生佛國了。」她的丈夫因為生活奔走，對佛法少熏習，聽了這話就發脾氣呵斥她：「得咧！我們家窮，還不夠受嗎？你還來扯這一套。」說完就去碼頭拉車了。這女居士就囑咐兩個孩子要聽父親的話，說自己要去西方極樂世界了。孩子小，聽了也不知是甚麼意思，仍舊跑到外邊玩耍。張氏把家裏收拾整潔，自己也洗臉梳頭，換上一套漿洗過的舊衣服，到牀上面西趺坐，念佛往生。兩個孩子在外邊玩得餓了，回家只見母親坐在牀上，並未煮飯，叫不應，推不動，兩個孩子哭着跑去鄰居家報信。大家趕來，見張氏面目如生。她丈夫回來看到妻子還真的走了，痛哭一場。一個貧苦的愚婦，在她人生苦難之時，聞信阿彌陀佛名號，一往情深，如子憶母，求生淨土，阿彌陀佛自然如母憶子，慈悲攝取，接引往生。對貧賤之張氏慈悲攝受，與對高貴之韋提希夫人慈悲攝取往生，平等無二。

雖然佛教經教對女人煩惱業障多有描述，但絕對不是佛故意貶低女人，乃是欲令女人正視自己的煩惱業障，激發其厭離、解脫之道心。佛視一切眾生作一子想，尤其關注煩惱重、業障深之女眾。阿彌陀佛特意針對女人發願，即可證明佛對女人深廣的慈悲心。一切女人，亟須把握住這一世聞信淨土法門的機會，死盡偷心，老實念佛，一意西馳，臨命終時，蒙佛接引，一念傾心入寶蓮，往生彼土，捨穢質女身成相好光明之如來身。何幸如之！

四、歸依感動天人（第三十七願）

請看願文：

「設我得佛，十方無量不可思議諸佛世界諸天人民，聞我名字，五體投地，稽首作禮，歡喜信樂，修菩薩行，諸天世人，莫不致敬。若不爾者，不取正覺。」

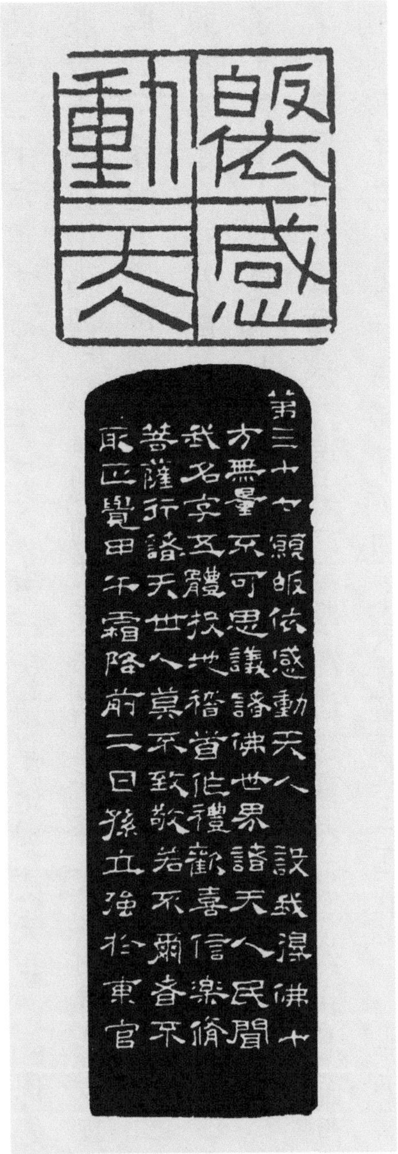

■第三十七願願文

這一願意謂：我成佛時，十方無量不可思議諸佛世界的諸天人民，聞信我阿彌陀佛的名字，至誠恭敬，五體投地（即二肘、二膝、頭頂），稽首作禮，心生歡喜，深信好樂，以清淨心修菩薩行，悉能得到諸天世人的恭敬頂禮。若此願不能兑現，不取正覺。

阿彌陀佛因地考察他方世界，見到修菩薩行者，每為他人輕毀，人天不敬，以致退失道心，是故發願，聞名信樂、歡喜禮敬的淨業行人，即可獲得諸天及世人的尊重恭敬，親近侍奉。

釋尊讚譽念佛求生淨土的行人，為人中分陀利。善導大師進而詮表，若念佛者，乃人中好人，人中妙好人，人中上上人，人中稀有人，人中最勝人！由此，念佛人超越了世俗的功名利祿與五欲享受，念佛往生成佛度眾生，誠為出污泥而不染的蓮華。

然於此五濁惡世，宗教往往被邊緣化，功利、權勢、五欲享樂成為社會主流，青燈黃卷的念佛人常被人看成是怪物，甚或不屑一顧。是故有淨業行人在公眾場合念珠也不敢拿，怕他人知道自己念佛，被輕慢嘲笑。阿彌陀佛因地考察到存在這種現象，故特別發此願，護念此淨業行人。

念佛人在佛菩薩眼裏，在諸天神眼裏，在世間有善根、有見識的人眼裏，是能得到尊重恭敬的。念佛的十種利益中，第一條「晝夜常得諸天大力神將並諸眷屬隱形守護」，第九條「常為一切世間人民恭敬供養禮拜，猶如敬佛」。可見，阿彌陀佛此願真實不虛。

天神為甚麼會恭敬念佛人？因為行人至心念佛時，身心會有光明，天神天眼能見到此光，自然會恭敬此念佛人。世間道德君子或大孝子，身上也有明麗的光明。淨業行人至誠念佛的心光與阿彌陀佛名號的光明交融互攝，其光明之熾盛能夠照明四十里的範圍。

自古以來，諸念佛行人一生默默無聞，命終之後，卻能得到諸天世人的恭敬。略舉二例。

其一，念佛婆子的公案。元代至順年間，浙西一帶連年饑荒，杭州城天天餓死很多人。官府將這些餓死的人抬到六和塔後山的大坑中，一層一層壘着。其中有個老婆子的屍體二十天都不腐爛，每天都有新抬來的屍體壓在她屍體上，但到了第二天，她的屍體卻總是在屍堆的最上面。抬屍體的人覺得很奇怪，就把她抬下來看是怎麼回事，然後從她懷中的小囊裏找到了三幅「念阿彌陀佛圖」（念佛記數圖）。官府來核實後，對老婆子

■〔宋〕劉松年《天女獻花圖》

產生恭敬心，特意買來棺木盛殮。火化的時候，煙焰中現出了佛菩薩的形相，光明燁燁。感發很多人發心念佛。

其二，清代順治初年，安徽青陽吳家有個佣人叫吳毛，平時持戒修善，堅持念佛。當左良玉的部隊打來時，吳家全都避難他方，吳毛就留下替主人看家。兵一來，他被連刺七槍。亂事平定後，主人返回家中，吳毛說，本來由於宿世惡業要七世作豬的，但因今生齋戒念佛，就以這七槍將這個業消了，從此徑生西方了。後來他的主人恍惚見空中有個人莊嚴無比，說自己就是吳毛，有緣要到天界去，路過那裏，說完就不見了。為此，主人就給他畫像恭敬敬禮。這是奴僕得到主人恭敬的事例。

另有宋代王日休居士念佛站着往生，當地家家戶戶懸掛其影像禮敬。清代張寡婦安貧念佛，往生後，眾人遺棄其髑破裙子於水中，居然化成五色蓮華，大眾急將裙子撈起，送至寺院供養等。此等公案，不勝枚舉。

這一願對濁世念佛行人很有現實意義。我們生活的這個時代，信佛的人比較少，大多數人奉行功利主義、無神論，不理解為何要念佛。而這一願為淨業行人在此世間有尊嚴、不被歧視地去修念佛法門，提供了一個保證。吾人還是業力凡夫，若修淨土法門，大家都也歧視、嘲笑，是容易退失道心的。若能獲得大眾隨喜讚歎，就會增上念佛之心。自信吾人真心念佛，不求人天福報，求生西方極樂世界，成佛度眾生，以此自行化他，就一定會得到諸天世人的尊重恭敬，增益功德。

第十章　護佑他方菩薩成辦道業

■第四十七願 即得不退轉地願

阿彌陀佛悲心願力彌綸法界，普度一切眾生，不僅加持極樂本土的天人聖眾福慧增上，速疾成佛，亦普攝他方業力凡夫離生死苦，得解脫樂。並護念他方無邊剎土無量菩薩，令其從初發心至圓成佛果全過程中，遠離魔障，止觀定慧等持並進，獲種種勝妙功德，乃至坐道場、成就佛果而後已。本章有八願法義展開：一、勤修必成佛道；二、聞名諸根具足；三、悉得清淨解脫；四、聞名生處尊貴；五、修行具足德本；六、皆得三昧見佛；七、即得不退轉地；八、即得諸忍究竟。茲分述如下。

一、勤修必成佛道（第三十六願）

請看願文：

「設我得佛，十方無量不可思議諸佛世界諸菩薩眾，聞我名字，壽終之後，常修梵行，至成佛道。若不爾者，不取正覺。」

這一願意謂：我成佛時，十方無量不可思議諸佛世界諸菩薩眾，聞信我阿彌陀佛的名字，壽終之後，生生世世恆常修習離淫欲的清淨梵行，直至成就佛果。若此願不兌現，不取正覺。

阿彌陀佛因地考察他方無數剎土，所見或有菩薩，雖有清淨梵行，隔生即忘，難可相續；或現生得名聞利養，便生欲漏，犯不淨行。是故悲心發願，若他方世間諸修行人聞信彌陀名號，得光明願力加持，安隱修習清淨梵行，直至斷惑證果，成就無上正等正覺。

這一願體現了阿彌陀佛至極的慈悲，護念他方世界一切菩薩的修行。「諸菩薩眾」主要是包含了初發菩提心的菩薩，以及信位菩薩。若圓教七信位菩薩，已斷見思惑，便永離不淨行了。對於初發心的菩薩來說，在修道上最大的挑戰，就是欲漏無明與愛欲，令諸眾生長夜輪轉不休。「淫心不除，塵不可出」，要離開三界分段生死，一定要斷淫欲。然，一切眾生皆因淫欲而正性命，無明貪欲煩惱根深蒂固。淫欲堅固，稱為「欲藏」，依止身心的染污。淫欲稱為非梵行、污染行。「梵」是指居於色界初禪天的大梵天王，只有斷了淫欲才有資格生到梵天，所以斷淫欲法又被稱作梵行。五通仙人雖然證到五種神通，但是由於未證得漏盡通，一旦遇到因緣使淫機發動，就會失去神通。如釋尊因地作獨角仙人時，遭遇淫女騎項公案即為佐證。《楞嚴經》中，阿難示墮摩登伽女之難，以顯斷欲乃是修道的根本。若不能斷淫欲，縱然有多智禪定現前，悉入魔道。

淫欲的表現形態是火——生前是欲火，死後是業火。地獄境界由十種習氣所構建，第一個就是淫習，所以地獄的境界常常表現為大火聚。火大是七大之一，在《楞嚴經・二十五圓通章》中，烏芻瑟摩尊者自述往昔淫欲心很重，遇到了空王如來教他神光內凝，觀察四大，最後體解淫欲火的體性，性火真空，性空真火，就化多淫心成智慧火，得火光三昧力。由此烏芻瑟摩尊者就被稱為火頭，得阿羅漢果，成為護法金剛。

比丘戒重在解脫生死，生就是根本，即男女愛欲，所以淫戒列在比丘戒之首。如佛陀教誡說：「我無數方便說斷欲法，斷於欲想，滅欲念，除散欲熱，越度愛結；我無數方便說欲如火，如把草炬，如履鋒刃，如毒蛇頭，如輪轉刀，如在尖標，如利戟刺，甚可穢惡。」甚可怖畏。常作此想，方堪道器。

受持淫戒清淨殊為不易，即便沒有淫欲的行為，但還有七種淫欲名戒不淨。《十住毘婆沙論》云，第一，雖然斷了淫欲，但是以染心受女人洗浴按摩；第二，以染心聞女人的香味，同女人說笑；第三，以染心與女人相互注視；第四，雖有牆壁等種種障礙，但是以染心聞女人的音聲；第五，先與女人有說有笑，後來雖然分離了，但還憶念不捨；第六，自己限定，在某段時間內斷淫，然後等這段時間過去了，再去作淫欲的滿足；第七，斷淫欲是為了能夠生到天上與天女享受欲樂，以及得到來世的富貴之樂。因此，即便在事相上斷了淫欲的行為，但只要具有這七種情形的任意一種，那都屬於不清淨，淫機還在發動。只有離開這七種事，才名戒清淨。

因此，一定要在意念上深知淫欲的過患，深生厭離。凡夫的欲心深重，所以男女之間一定要保持距離，一定不能過多接觸。按修道來說，證到大乘圓教初信位斷了邪淫，小乘初果須陀洹方可斷邪淫。然初果聖人，還會有正淫，需七次往返人間轉生。由隔陰之迷，他仍會娶妻行淫。到了圓教五信位，相當於小乘的三果聖人，才斷正淫，生到五不還天。證得阿羅漢果（圓教七信位），才斷見思惑，永離淫欲，長揖三界，不受後有。

阿彌陀佛深知淫欲是修道的一個大障礙，所以就要加被他方世界菩薩眾。心以清淨光攝照他方諸菩薩，令其常修梵行，直至成就佛道的全過程離開淫欲，心得清涼，不再去思念五欲的樂，而是以法樂為主。至誠念佛者，亦當生就能得此離欲證三昧的利益。明末龍褲國師住山念佛十三年，證念佛三昧，得皇帝供養，宮女為他洗浴，欲心不動，亦有神通，即為佐證。

我等眾生投生於此五濁惡世，自己煩惱重，外面誘惑大，構成修清淨梵行之巨大挑戰。然吾人當生真為生死之心，視淫欲如火坑，執持六字洪名之金剛王寶劍，仰憑此願加持之增上緣，伏斷愛欲，徑登西方，作蓮池海會嘉賓，何幸如之！

二、聞名諸根具足（第四十一願）

請看願文：

「設我得佛，他方國土諸菩薩眾，聞我名字，至於得佛，諸根缺陋不具足者，不取正覺。」

這一願意謂：我成佛時，他方國土的諸菩薩眾，聞信我阿彌陀佛的名字，於其修菩薩道直至成就佛果之全過程中，悉得六根（眼耳鼻舌身意）具足，不缺失，不醜陋。若此願不兑現，不取正覺。

阿彌陀佛因地考察他方世界，現量看到他方世界的菩薩在修行過程中有六根不完具的障礙，所以發願加持諸菩薩眾，令他們六根具足，而且六根明利，俾諸菩薩成就自利化他的功德。須知他方諸菩薩雖發菩提心，亦持戒對治煩惱、消除業障，但無量劫以來的業力種子至多且深，因而每常導致六根不具足。從通途菩薩道來講，一個菩薩修行到了第三阿僧祇劫時，都可能存在六根不具足的情形，直到第三阿僧祇劫滿，經由一百大劫的修行，才得到五種殊勝德能：一者，生到善趣，不會下三惡道；二者，生到尊貴之家；三者，六根具足；四者，得男子身；五者，得宿命通。可見，一個菩薩在多劫修行中或長相醜陋，或六根不具足，如是或被他人譏嫌，自己也不免自卑自怨，構成障道因緣。八難中就有盲聾喑啞難，雖然得人身了，或遇佛出世，若是聾人，就聽不到佛說法，若是盲人，就見不到佛的相好光明，以及喑啞者，構成修行的障礙。

六根不具多由惡業所致。《地藏經》云，毀謗他人者感「無舌瘡口報」；瞋恚者得「醜陋癃殘報」；誹謗三寶者得「盲聾喑啞報」，尤其意根出現殘障，如癲癇症、精神分裂症、抑鬱症等。多生多劫的業力所導致的六根不具，對修行自利已屬不易，若欲弘法饒益、攝受眾生，更是近乎不可能。

阿彌陀佛慈悲廣大，深知他方諸菩薩眾（實為所有眾生義）六根殘缺的煩惱，故發願：若聞信我的名字，便可消除這種憂患。何以故？一則萬德洪名有除滅多劫業障的功能，二則名號中內具阿彌陀佛的三十二相、八十隨形好，若有眾生信願持名，便可將名號中的相好莊嚴功德召喚出來，全攝佛功德為

■〔清〕任伯年《荷花鴛鴦圖》

自功德。

茲舉一例，宋代有一鐵匠計公，年將七十，雙眼失明，因從咎定國（州府學諭）善知識勸化，從受念佛圖（即記數念佛冊），念佛記數到第四圖，兩目瞭然。如是三年精進持念，念滿十七圖。一日，方念佛次，忽瞑，半日復甦。謂其子曰：「我已見西方佛菩薩矣。咎學諭是勸導之首，當分六圖與之，並為致謝焉。」西向坐逝。後咎定國亦預知時至，沐浴端坐念佛而化。（《淨土聖賢錄》初編）

可見，聞信阿彌陀佛名號，一心執持，能除多生多劫的業障。至誠懇切，當生便能得到六根完具的利益。往生彼土，蓮華化生，即如佛身相好，永無六根殘缺之患。這一願乃是阿彌陀佛對他方諸眾生慈悲至極的加持。

三、悉得清淨解脫（第四十二願）

請看願文：

「設我得佛，他方國土諸菩薩眾，聞我名字，皆悉逮得清淨解脫三昧。住是三昧，一發意頃，供養無量不可思議諸佛世尊，而不失定意。若不爾者，不取正覺。」

這一願意謂：我成佛時，他方國土諸菩薩眾，聞信我名字已，皆悉得到清淨解脫三昧。安住此三昧，於一剎那頃，分身散影，供養無量無數不可思議諸佛世尊，而不失三昧定意。若此願不兑現，不取正覺。

阿彌陀佛因地考察他方世界，見到他方諸菩薩眾欲往他方世界供養諸佛，種植福田，聞佛說法，得佛授記，靠自力難以實現。便發願加持他方諸菩薩眾，速證「清淨解脫三昧」。清淨就是指回到自性，契入實相真如。實相寂靜為清淨，擺脫煩惱繫縛為解脫，寂照平等為清淨解脫三昧。是故，清淨解脫三昧亦即念佛三昧。於此三昧中，動念頭欲往他方世界供養諸佛，即以無量意生身前往他方，供養無量不可思議的諸佛世尊。而且是不隔時，無前無後，同時恭敬尊重供養無量諸佛。應化無量身，供養無量佛。神通功德，不可思議。

《華嚴經》中，善財童子所參的幾位得念佛三昧的善知識，悉具如是神通妙德。文殊菩薩選擇專修念佛三昧的德雲比丘，作為善財童子的第一個善知識。德雲比丘向善財童子介紹「憶念一切諸佛境界智慧光明普見法門」，於此三昧中，能夠往詣十方一切國土，恭敬供養一切諸佛，常見一切十方諸佛。在東南西北、四維上下十方世界一一方中，所有諸佛的種種色相、種種形貌、種種神通、種種遊戲、種種眾會莊嚴道場、種種光明無邊照耀，以及種種國土、種種壽命等悉能在此三昧中明見。

善財童子參解脫長者，解脫長者介紹「入出如來無礙莊嚴解脫門」。於此三昧中，能見十方各國土佛剎微塵數如來，欲見安樂世界阿彌陀佛，隨意即見，乃至欲見任一世界的佛，悉皆即見。解脫長者開示：「然彼如來不來至此，我身亦不往詣於彼。知一切佛及與我心，悉皆如夢；知一切佛猶如影像，自心如水；知一切佛所有色相及以自心，悉皆如幻；知一切佛及以己心，悉皆如響。我如是知，如是憶念：所見諸佛，皆由自心。」三昧境界甚深微妙，解脫長者用比喻說明：如夢，見到的諸佛就如夢中所見，非有非空；如影，自心如清水，諸佛形相如水中影；如幻，自性空而不壞幻相；如響，不可得而空谷答響。

心外無佛，佛外無心。於此三昧，所見諸佛與現前一念心密切相關。阿彌陀佛加持他方世界諸菩薩眾，令其了知自心與所見之佛的同構對應的關係——一切諸佛、一切剎土都不離現前一念之心。既然無量的諸佛都在自心裏面，那前往恭敬供養、聞法受記亦屬法爾自然。

不僅是他方世界諸菩薩眾得此勝益，此世間上根利智之祖師大德，至誠念佛，亦能得此法利。明代梵琦楚石大師，在宗門下開悟，嗣後專修淨土法門，得念佛三昧，著有《西齋淨土詩》。其中有云：「要觀無量壽慈容，只在而今心想中。坐斷死生來去路，包含地水火風空。頂分肉髻光千道，座壓蓮華錦一叢。處處登臨寶樓閣，真珠璀璨玉玲瓏。」意謂，淨業行人欲觀想阿彌陀佛慈悲容貌，不是向外面觀，而是在當下的念想中觀。截斷生死妄想流，超越地水火風空之幻相。離心意識，水清月現，阿彌陀佛容貌自然就顯現出來。阿彌陀佛頭頂上有肉髻，肉髻放出千道光明；阿彌陀佛端坐於七寶蓮台，蓮台鋪敷彩色的錦緞。於此觀佛三昧中，徜徉於極樂淨土。處處登臨七寶樓閣，樓閣上面有寶網覆蓋，寶網上莊飾着無量的摩尼寶珠，摩尼寶珠又放出璀璨的光明，樓閣以種種的美玉嚴飾，玲瓏透亮。梵琦大師現量描述極樂世界，乃由他自證三昧心中稱性宣說，與淨土經典所述境界無二無別。蕅益大師曾極口讚譽《西齋淨土詩》云：「稽首楚石大導師，即是阿彌陀正覺。以茲微妙勝伽陀，令我讀誦當參學。一讀二讀塵念消，三讀四讀染情薄。讀至十百千萬遍，此身已向蓮華託。」

阿彌陀佛以平等慈悲心加持他方諸菩薩，得念佛三昧，獲意生身，供養他方諸佛，聞法受記，速疾圓滿上求下化之菩薩行。其善護念諸菩薩之大悲願力，無遠弗屆。我等初心菩薩，當頂戴荷恩，依教奉行。

四、聞名生處尊貴（第四十三願）

請看願文：

「設我得佛，他方國土諸菩薩眾，聞我名字，壽終之後，生尊貴家。若不爾者，不取正覺。」

這一願意謂：我成佛時，他方無量國土諸菩薩眾，聞信我名字已，壽命終結之後，能生到尊貴之家。若這一願不兑現，不取正覺。

阿彌陀佛在因地考察他方世界，發現有許多菩薩，雖發菩提心，欲於三界廣度眾生，然由宿世業力，常生貧賤之家。從通途佛法來看，圓教十住、十行、十迴向的菩薩以自身的福德智慧，憑自力可以生到尊貴之家，十住、十行、十迴向以還的信位菩薩（含內凡與外凡）常生到貧賤之家。當一個人缺乏基本的生存保障時，別說修自行化他的菩薩行，就是要保持基本的人格尊嚴都很難。

阿彌陀佛由是發願，加持聞信彌陀名號的菩薩，能夠世世生在尊貴之家。尊貴之家屬於社會上層，為大眾所尊重。例如在印度，是指具有權勢的剎帝利家族，或是掌握精神文化特權的婆羅門家族，或是大富長者之家，等等。菩薩無量劫修菩薩道，有常留惑潤生，雖然他能取證聖果，但為饒益眾生故，特意留些煩惱不斷，隨形六道，與眾生廣結法緣。在此過程中，如果菩薩出生的家庭尊貴，那在教化眾生方面就會有好的基礎。比如一生補處菩薩要從兜率內院降誕南閻浮提示現作佛時，首先要觀察選擇尊貴家族降誕。減劫時眾生看重權勢，所以這

■〔清〕丁觀鵬《法界源流之三會彌勒尊佛會》

尊菩薩大多會投生在剎帝利種姓的國王之家，例如釋迦牟尼佛就示現降誕在迦毘羅衛國淨飯王宮中。增劫時大眾尊重精神價值，這尊菩薩可能就會降誕在婆羅門家，未來的彌勒菩薩將來降誕在婆羅門家族，示現出家成道。若菩薩投生到貧賤家，那在度眾生方面會構成大的妨礙。

別說是諸佛降誕普度眾生如此，即或開宗弘教的祖師大德們，也大多出身高貴。如玄奘大師、窺基大師、道宣大師、清涼國師等，悉是書香名門出身，資質聰穎，從小接受良好的儒家教育，捨欲出家，便能大弘法化。

阿彌陀佛慈悲，護念他方世界一切諸菩薩，加持一切諸菩薩。六字洪名即是福德藏，恩賜他方諸菩薩眾，生生世世生到尊貴之家，或作小國國王，富貴自在；或作大國國王，富貴自在；或作轉輪聖王，於四大洲富貴自在，以四攝法（布施、愛語、同事、利行）饒益安樂一切眾生，攝令眾生發菩提心。

五、修行具足德本（第四十四願）

請看願文：

「設我得佛，他方國土諸菩薩眾，聞我名字，歡喜踊躍，修菩薩行，具足德本。若不爾者，不取正覺。」

這一願意謂：我成佛時，他方世界無量剎土諸菩薩眾聞信我阿彌陀佛名字已，心懷欣悅，喜形於色，應時勤修菩薩六度萬行，具足一切功德之本。若此願不兌現，不取正覺。

從通途佛法來看，「具足德本」意指修習菩薩六度是趣向無上正等正覺的根本。然從淨土法門來看，信願稱名即是生起一切功德的本元。「一法具足一切法，一法成就一切法」乃圓教理念，執持六字洪名即是具足菩薩六度萬行，誠如蓮池大師開示：「諸菩薩眾，有恆沙劫中，修六度萬行，未能滿足。而今一心念佛，萬緣自捨，即布施波羅蜜；一心念佛，諸惡自止，即持戒波羅蜜；一心念佛，心自柔軟，即忍辱波羅蜜；一心念佛，永不退墮，即精進波羅蜜；一心念佛，餘想不生，即禪定波羅蜜；一心念佛，正念分明，即般若波羅蜜。推而極之，不出一心，萬行具足。」（《彌陀疏鈔》）

對蓮池大師的這段開示，或有人以通途教理加以質疑，認為僅修念佛一行就具足六度是不可能的。這種質疑乃不瞭解淨土法門之圓頓神妙之處。佛說淨土法門乃一切世間極難信之法，信然。須知，信願稱名若不具足六度萬行，何以云全攝佛功德為自功德、香光莊嚴呢？

可於念佛實踐中勘驗，當行人一心執持名號時，自然放捨身心世界，對五欲六塵，乃至一些世出世間善行悉皆捐棄。無住布施，連布施也布施掉。唐代龐蘊居士，宗門開悟後，把萬

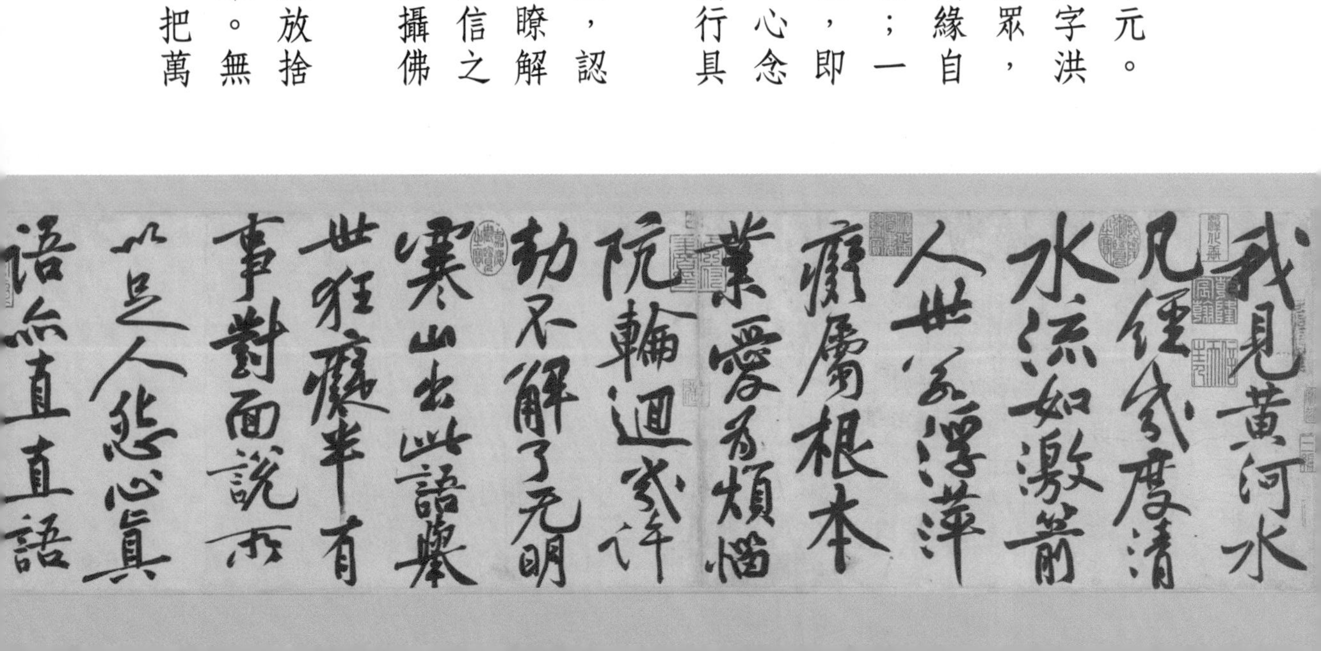
我見黃河水
凡經幾度清
水流如激箭
人世若浮萍
癡屬根本
業愛為煩惱
劫不解了無明
事對面說所
語亦直直語

貫家財裝船沉入江底，有人就問他為甚麼不將此財物拿去做善事。龐居士深知好事不如無事，所以連布施也布施掉，清淨至極。即家庭為道場，男不娶，女不嫁，兒子耕種幾畝薄田，女兒編織些竹器謀生，安貧樂道，處之泰然。臨終時，悉皆自在坐脫立亡。可見真為生死、一心念佛即布施波羅蜜。

攝心念佛，不思善，不思惡，身口七支安住佛號，即持戒波羅蜜。一心念佛，得佛光明願力加持，身心柔軟，於他人的責罵侮辱寬然容忍，即為忍辱波羅蜜。一心念佛，淨念相繼，無雜無斷，即為精進波羅蜜。一心念佛，制心一處，心不外緣，即為禪定波羅蜜。一心念佛，正念分明，孤明歷歷，念清楚、聽清楚，無住生心，生心無住，即為般若波羅蜜。一心念佛具足六度萬行，因為能念之心性具世間和出世間的一切功德——不出一心，萬行具足，真實不虛。

他方世界諸菩薩眾聞信阿彌陀佛的名字，深知萬德洪名不可思議功德，心生大歡喜，得平等慧。了達稱念阿彌陀一佛，即等於稱念十方三世一切諸佛；往生阿彌陀佛一淨土，即等於生到十方無量淨土；諸法相即，一多互容，稱性緣起，妙德難

■〔北宋〕黃庭堅《寒山子龐居士詩帖》

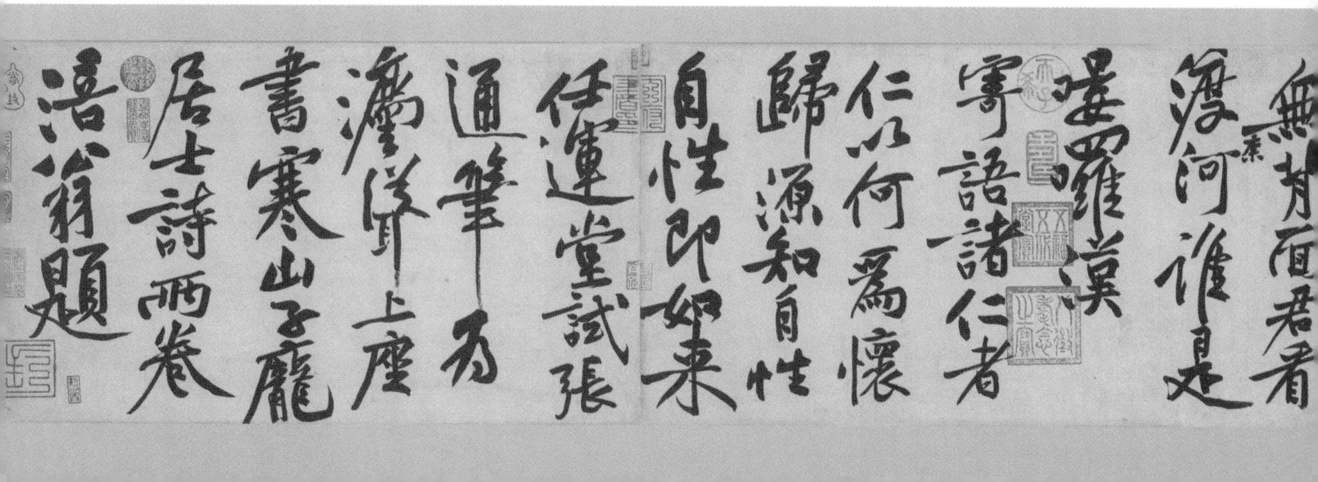

思。阿彌陀佛以六字聖號，護念加持他方菩薩，不退轉於無上菩提，恩德弘深。他方世界的菩薩深知這一點，乃能歡喜踴躍無間斷地去受持。

六、皆得三昧見佛（第四十五願）

請看願文：

「設我得佛，他方國土諸菩薩衆，聞我名字，皆悉逮得普等三昧。住是三昧，至於成佛，常見無量不可思議一切諸佛。若不爾者，不取正覺。」

這一願意謂：我成佛時，他方無量國土諸菩薩衆，聞信我阿彌陀佛名字已，都能得到普等三昧；安住在此三昧，直至成佛，恆常睹見無量不可思議一切諸佛。若此願不兑現，不取正覺。

菩薩修行道業，信解十方有無量諸佛，自然渴望自己能契證三昧，於定中見佛相好，聞佛說法，得佛加持，蒙佛授記。阿彌陀佛了知他方菩薩的心願，便稱性發願，令聞信阿彌陀佛名號的菩薩，悉得普遍平等三昧；於此三昧，能普見十方一切淨土與穢土的諸佛，普供一切諸佛，於無上菩提終不退轉，疾速成就佛果。

東晉慧遠大師及其蓮社的諸位蓮友，修念佛三昧，就有不少定中見佛的經歷。慧遠大師就有過三次定中見佛的體驗。他曾以書信的方式向鳩摩羅什大師請教關於定中見佛的問題。問曰：《般舟三昧經》多引夢比喻見佛的體驗，夢是自己的想心所成，定中見佛若是如同夢中之所見，那定中之佛是自己想出來的產物，還是出於自己這邊；如果定中所見之佛是外來的，那就不能說是夢中之佛，可這樣又似乎是心外有佛了。到底該如何去理解這個問題？

鳩摩羅什大師回答說，見佛有三種情況：第一種是菩薩自得神通，或得天眼見佛，或飛到他方世界去見佛、請法、斷疑；第二種是雖然沒有現前得神通，然由繫心一處，即得見佛，請問所疑；第三種學習念佛，或以離欲，或未離欲，或見佛像，或見生身，或見過去未來現在諸佛。以上三種定，皆名念佛三昧，境界有優劣不同。慧遠大師定中見佛屬第二種情形。所見之佛並不是虛妄，亦非由妄想而生，此乃由佛願力的加被，令念佛行人得正受正定，因緣和合，顯現定中見佛之神妙。（《大乘大義章》）

蓮社劉遺民居士也有定中見佛的體驗。當時，他還欲求證所見之佛的真假，於是他就動了個念頭：如果您真的是阿彌陀佛，能否用您的手摩我的頭頂？阿彌陀佛應念即以金色兜羅綿手摩他的頭頂。他又動念：如果您真的是阿彌陀佛，能否用您的袈裟來覆蓋我的身體？阿彌陀佛即應他的念頭，滿他的願，又以袈裟覆蓋他的身體。可見，定中所見之佛，是靈靈不昧的，是可以互動感應的，不是妄想的產物。此生佛感應，佛願加持，定中見十方佛之妙應，乃法界甚深奧藏。

生佛感應道交端賴於阿彌陀佛這一願的加被，也唯有念佛行人才能得這樣的普等三昧。何以故？因為這一願有個前提——「聞我名字」。慧遠大師和白蓮社的蓮友們都是聞信阿彌陀佛名字的貞信之士，他們真為生死，放下萬緣專修念佛三昧，如救頭燃，精進辦道。當時，有慧要法師擅長工巧，用木材製作了蓮瓣十二葉，流水擊動蓮瓣代表十二個時辰，稱之為蓮漏。蓮社的緇白二眾就以此來計時，夜以繼日地修行。其住普等三昧，見到阿彌陀佛，亦是法爾自然之事。

■〔東晉〕劉遺民居士

「憶佛念佛，現前當來，必定見佛」，這是阿彌陀佛惠予十方眾生的莊重承諾。現生得普等三昧的行人屬於現前見佛。或行人於臨命終時見阿彌陀佛與諸聖眾前來接引，屬於現生臨終見佛的情形。而業障重的行人，雖然阿彌陀佛現前，卻看不清楚，或只隱約見到蓮華，亦得往生到極樂世界七寶池中，在蓮華中或經歷六劫或住十二大劫，方始從蓮華裏出來見阿彌陀佛，這便屬於當來見佛的情形。無論現前當來，但信願稱名，見佛是決定不虛的。

七、即得不退轉地（第四十七願）

請看願文：

「設我得佛，他方國土諸菩薩眾，聞我名字，不即得至不退轉者，不取正覺。」

這一願意謂：我成佛時，他方無量國土諸菩薩眾，聞信我名字已，即能得至不退轉地。若此願不兑現，不取正覺。

阿彌陀佛因地考察他方世界，見有菩薩雖精進修行，然障緣現前，多有退轉，動經塵點劫，難得不退轉地（即阿鞞跋致菩薩），是故發願，加持他方菩薩，但聞信阿彌陀佛名號，即獲阿鞞跋致（三種不退：位不退、行不退、念不退）。

從大乘通途修行階位來看，阿鞞跋致位至少要破一品無明，圓教初住以上的位次。十信位還屬於輕毛菩薩，容易退轉。龍樹菩薩表述阿鞞跋致菩薩相狀云：

「等心於眾生，不嫉他利養，乃至失身命，不說法師過，信樂深妙法，不貪於恭敬。」（《十住毘婆沙論》）意謂：阿鞞跋致菩薩對一切眾生有平等心；對其他比丘得到的種種名聞利養不生嫉妒心；尊重法師，乃至於喪失性命都不去說法師的過失；好樂深信大乘深妙佛法；雖有福德智慧，但卑以自牧，不貪求他人的恭敬。此五法乃阿鞞跋致菩薩的相狀。

與阿鞞跋致相對應的是惟越致，在惟越致的位次上有兩種情況：或者是退轉，即敗壞者；或者是漸修轉進，得阿鞞跋致。其敗壞者的相狀是：「若無有志幹，好樂下劣法，深着名利養，其心不端直，吝護於他家，不信樂空法，但貴諸言說，是名敗壞相。」（《十住毘婆沙論》）意謂，敗壞者沒有成佛度眾生的志向，沒有勇氣修善除惡；好樂二乘法及外道；貪戀、執着名聞利養；內心不正直，機心用事；嫉妒他人利養，吝嗇自己的財物；不好樂大乘般若的空性；只注重名相概念，不是真實在心地上下功夫。這些都是敗壞之相，不能成為阿惟越致（阿鞞跋致）。

一個菩薩要動經無量劫才能得到阿惟越致，殊不容易。阿彌陀佛對他方世界修聖道門的菩薩，令其聞信六字洪名，得阿彌陀佛此願加持，即得不退轉於阿耨多羅三藐三菩提，誠如《無量壽經》云：「若有眾生聞此經者，於無上道終不退轉。」《十住毘婆沙論》亦云：「若人疾欲至，不退轉地者，應以恭敬心，執持稱名號。」

八、即得諸忍究竟（第四十八願）

請看願文：

「設我得佛，他方國土諸菩薩眾，聞我名字，不即得至第一忍、第二第三法忍，於諸佛法，不能即得不退轉者，不取正覺。」

這一願意謂：我成佛時，他方無量國土的諸菩薩眾，聞信我名字已，即能獲三種忍——第一，音響忍；第二，柔順忍；第三，無生法忍，於諸佛法現證不退轉位。若此願不兑現，不成正覺。

這一願加持他方世界的諸菩薩眾，聞信阿彌陀佛名號，即得三種法忍，並未要求自己需歷多時勤修多功德。能得到如此巨大的功德利益，證知六字洪名加持行人的功德大不可思議。

「忍」是慧心安住之義，以智慧作為體性，安住在法理之境。《華嚴經・十忍品》述說菩薩摩訶薩能證到十種忍，其中就包括了音響忍、柔順忍、無生法忍這三種忍。

音響忍，又分為音聲忍和如響忍。娑婆世界眾生耳根最利，講經說法，以音聲作佛事。若聞信佛所說之聲教，能信受、接納、如教修行，即為音聲忍。如響忍即對說法音聲有般若空性的觀照，了知音聲如空谷迴響。「響」指的是聲音在山谷中所產生的回音，雖然能被聽聞，但並無實體可得。了達音聲的空性，無

■〔清〕溥儒《出水芙蓉》

取無捨，聲塵乃緣生之法，本無自性，由此契入自性空之實相。於此實相慧心忍可，即為音響忍。

柔順忍意謂，於靜定狀態中隨順自性生起智慧觀照，觀一切法即空、即假、即中。又隨順真諦與俗諦，空有不二，空有一如，雙遮兩邊，雙照兩邊，體達諸法平等性。於此柔順忍中，一則隨順性具之真如法性，二則慈悲方便恆順一切眾生，廣作自利利他之佛事。

無生法忍意謂，無生即是不生，不生即不滅，不生不滅即是諸法的實相，亦是一切諸佛所證的法身。慧心忍可在不生不滅的法性乃圓教初住以上菩薩所契證，又稱為同生性菩薩，與十方諸佛所證相同。離開一切垢染，無分別、平等一相，寂靜、無作、無願、無住、無去、無來。慧心安住在如是法性即為無生法忍。圓教初住菩薩初得無生法忍，八地以上的菩薩離一切心意識，無作妙用，方為究竟證得無生法忍。《月燈三昧經》云：「若於如是三勝忍，菩薩其有能得者，善逝見彼菩薩時，即授無上菩提記。……若於如是三勝忍，其有菩薩能得者，悉不復見有生死，於彼起滅亦復然。」

除此三忍之外，《華嚴經．十忍品》中還列舉有其他幾種忍，即如幻忍（一切法悉是幻化）、如焰忍（一切法如陽焰，無有方所）、如夢忍（一切法如夢）、如影忍（一切法如影子，無有實體）、如化忍（一切法悉是變化）、如空忍（一切法猶如虛空）。

由此看來，阿彌陀佛加持他方諸菩薩眾得三種忍，實則含攝華嚴十種忍的內涵。是故，此諸菩薩們證位甚深，於一切大乘甚深的妙法悉皆不驚、不怖、不畏，信受奉行，永不退轉於阿耨多羅三藐三菩提。

此願所示「佛法」意謂：佛所說之法，即八萬四千法藏，又指佛所證之法，即阿耨多羅三藐三菩提。阿彌陀佛加持他方諸菩薩眾，於名號光明中，獲三種忍，成就阿耨多羅三藐三菩提，其殊功妙德，我等雖碎骨粉身，難以報答。唯死盡偷心，老實念佛，全攝佛德為己德，庶幾報答佛恩於百千萬億分之一。

結語

歸投彌陀願海

蓮蕊標名

■第二十願 繫念必得往生願

阿彌陀佛大願的肇立與成就，乃法界一大不可思議之大事因緣，娑婆教主釋迦牟尼佛，將自己在菩提樹下現量親證的境界，向我等眾生和盤托出。不僅本土釋迦牟尼佛，伸出廣長舌相，稱揚讚歎阿彌陀佛大願功德，乃至十方無量諸佛，悉於自己的剎土，伸出廣長舌相，遍覆三千大千世界，稱揚讚歎阿彌陀佛大願功德。讚曰：「其佛本願力，聞名欲往生，皆悉到彼國，自致不退轉。」(《無量壽經》)何以故？阿彌陀佛大願願心與十方三世一切諸佛慈悲平等心，心心相印，惠以眾生真實之利，令九法界眾生離分段與變易兩種生死之苦，契證大乘涅槃常樂我淨之樂。十方諸佛共證一法身，同具度生本懷。是故，十方諸佛悉皆在自土廣為宣說阿彌陀佛大願名號光明之妙德，我等眾生，亦由是得聞此甚深微妙之淨土法門。

四十八大願是阿彌陀佛大慈悲心、大菩提心與智慧善巧心的結晶。乃由契證諸法空性，所凝聚昇華出的妙願。從四十八大願總體框架來看，有大悲拔苦之願(第一章三願)，有大慈與樂之願(第二章四願、第三章七願)，有莊嚴自法身功德之願(第四章三願)，有稱性莊嚴依報道場之願(第五章五願)，有接引十方眾生往生之願(第六章三願)，有加持十方往生者速成佛道之願(第七章五願)，有加持極樂本土聖眾福慧增上之願(第八章六願)，有普攝他方眾生離生死苦得解脫樂之願（第九章四願），有平等護佑他方菩薩成辦道業之願（第十章八願）。

可見，四十八大願彰顯實相無相無不相、般若無為無不為之妙德，所顯現的極樂世界依正莊嚴至真、至善、至美、至慧之法界文明，彰顯着大涅槃之常樂我淨，亦即一切眾生本具之性德。證知，阿彌陀佛四十八大願與我等眾生如來藏性平等不二，乃吾人心性本具之一大法界曼陀羅。

清代彭紹升居士在《無量壽經起信論》中談到，諸佛國土是依眾生一念清淨心而得成立的。透過四十八條願，吾人可以一一對應觀照自性清淨性德。何以故？自性空寂，離諸惡趣，法藏菩薩隨順空寂心而莊嚴淨土，是故稱性發「國中無三惡道願」；自性奇妙圓融，具足佛的相好光明，法藏菩薩隨順妙圓心而莊嚴淨土，是故稱性發「各得真金色身願」「各具三十二相願」「菩薩得金剛身願」；自性平等，如香普熏，法藏菩薩隨順平等心而莊嚴淨土，是故稱性發「寶香普熏十方願」等願。證知四十八大願，願願建立於眾生本具之心性上，我等眾生消歸自性，發心與佛願相應，即是以自心莊嚴自土，如水赴海，如響應聲，法爾自然，不加造作。正是因為四十八願出自眾生本具心性，是故法藏菩薩才法爾自然地發出「若不爾者，不取正覺」的莊嚴承諾，才能自然感應到「空中讚言：『決定必成無上正覺。』」之印證。

四十八大願由阿彌陀佛平等大慈悲心所流現，乃是法界的緣起，遂爾便成為十法界最為清淨崇高的表範，乃是九法界一切眾生之歸宿。古德每常讚歎，「一切法門，無不從此法界流；一切行門，無不還歸此法界」，如萬水朝東，眾星拱月。極樂世界乃法界之都，十方無量微塵剎土中無數眾生悉皆趨奉，乃至於華藏海會以善財童子為代表的四十一位法身大士，悉以普賢十大願王功德導歸極樂世界，以疾速圓滿一生成佛之大事。

阿彌陀佛願海深邃浩渺，實則阿彌陀佛面對九法界眾生所發的大願無量無邊。此土釋迦牟尼佛順應南閻浮提眾生的根機，於此深廣願海中，有所選擇地宣說了這四十八條願。此四十八大願乃我等眾生契入彌陀願海之通道。

阿彌陀佛大願核心，乃是欲令九法界一切眾生悉皆往生極樂淨土。是故，吾人當隨順阿彌陀佛的攝生往生之願，發至誠往生淨土之願。阿彌陀佛大願的要旨是要讓往生者悉皆成就大乘佛果，是故吾人當隨順佛的願心，發往生成佛度眾生的願。阿彌陀佛大願祕要不捨菩提心，是故吾人當隨順佛願心，發還相迴向、現前修習普賢大行之願。總之，吾人當切實信解隨順阿彌陀佛大願之義來啟發吾人本具的菩提願，以我等之切願感通阿彌陀佛的大悲願海，願願相攝，光光互映，心佛一如，生佛不二，方可成就如是功德莊嚴。

阿彌陀佛四十八大願十劫以前早已成就，吾人但能感通阿彌陀佛願心，即可安穩往生彼土。我等眾生之所以還在三界生死輪轉不休、苦不堪言，正因未聞阿彌陀佛大願故，未聞阿彌陀佛名號故，為此要生悲痛心，生大慚愧心。今生幸得人身，幸聞佛法，尤其得聞念佛往生極樂之淨土法門，要生稀有難遭之想，生大歡喜心，盲龜值木，萬劫難逢。深知阿彌陀佛大願為我而發，只要至誠信願持名，彼土蓮蕊即得標名，臨命終時，決定蒙佛慈悲願力接引，安穩往生極樂淨土，無量劫的生死輪迴今生得以了斷，本具佛性即可一生圓成，由是油然而生悲痛之心、慚愧之心、慶幸之心、感恩之心，以此淨土情懷，勤修淨業三福，增上菩薩德業。矻矻持名，增上往生品位，並以廣大心，作彌陀使，丕振蓮風，化化不絕。

南無阿彌陀佛！

迴向偈

願消累劫諸業障
願得福慧日增長
願盡此生出娑婆
願佛接引生安養

南無護法韋陀尊天菩薩

ཡི་གེ་ཉི་ཤུ་རྩ་དྲུག་པ་འདི་དཔེ་ཆའི་ནང་དུ་བཞག་ན་དཔེ་ཆ་དེ་ཅི་འདྲར་
བགོམས་ཀྱང་ཉེས་པ་མི་འབྱུང་བར་འཇམ་དཔལ་རྩ་རྒྱུད་ལས་གསུངས་སོ།།

普為助印及讀誦受持
展轉流通各佛經者迴向

願以此功德　消除宿現業
增長諸福慧　圓成勝善根
所有刀兵劫　及與饑饉等
悉皆盡滅除　人各習禮讓
讀誦受持人　輾轉流通者
現眷咸安樂　先亡獲超升
風雨常調順　人民悉安康
法界諸含識　同證無上道

廬山東林寺網址 www.donglin.org
大安法師網路專輯 www.daanfs.cn
《淨土》新浪博客 http://blog.sina.com.cn/0jt0

大安法師講淨土　江西廬山東林寺　《淨土》新浪博客　廬山東林寺福田　大安法師新浪微博

阿彌陀佛四十八願講記

作者 釋大安

出版 商務印書館（香港）有限公司
香港筲箕灣耀興道三號東滙廣場八樓
http://www.commercialpress.com.hk

發行 香港聯合書刊物流有限公司
香港新界荃灣德士古道二二〇至二四八號荃灣工業中心十六樓

印刷 寶華數碼印刷有限公司
香港柴灣吉勝街勝景工業大廈四樓A室

版次 二〇二三年十二月第一版第一次印刷

ISBN 978 962 07 6719 7
Printed in Hong Kong